Taschenbücher für die Wirtschaft
Band 72

Taschenbuch zum Betriebsverfassungsrecht

Ratgeber für Arbeitgeber und Betriebsrat

von

Rechtsanwalt Dr. Ekhard Pohle

Stuttgart

I. H. Sauer-Verlag GmbH
Heidelberg

Die Deutsche Bibliothek – CIP-Einheitsaufnahme

Pohle, Ekhard:
Taschenbuch zum Betriebsverfassungsrecht : Ratgeber für Arbeitgeber und Betriebsrat / von Ekhard Pohle. – Heidelberg : Sauer, 1999

(Taschenbücher für die Wirtschaft; Bd. 72)
ISBN 3-7938-7206-8

ISBN 3-7938-7206-8

Satz: ProSatz Unger, 69469 Weinheim

Druck und Verarbeitung: Wilhelm & Adam, Werbe- und Verlagsdruck GmbH, 63150 Heusenstamm

Umschlagentwurf: Horst König, 67067 Ludwigshafen

♾ Gedruckt auf säurefreiem, alterungsbeständigem Papier, hergestellt aus chlorfrei gebleichtem Zellstoff (TCF-Norm)

Printed in Germany

Der Verfasser dankt
den Teilnehmern seiner Seminare
zum Betriebsverfassungsrecht
für zahlreiche Anregungen
sowie
Dagmar Niemand von
PAN-Seminare Chemnitz
für gute Zusammenarbeit

Vorwort

Mit dem Betriebsverfassungsgesetz haben sich in der betrieblichen Praxis nicht nur die Spezialisten in den Personal- und Rechtsabteilungen und die Mitglieder von Betriebsräten zu befassen. Die Regeln der Zusammenarbeit zwischen Arbeitgeber und Betriebsrat und die Rechte und Pflichten beider Seiten sprechen einen weit größeren Personenkreis an: die Geschäfts- und Betriebsleitungen aller Unternehmen und die Führungskräfte aller Ebenen. Wer Mitarbeiter führt, muß die Grundregeln der Mitwirkung des Betriebsrats in personellen Angelegenheiten kennen. Wer für Sachinvestitionen verantwortlich ist, muß die Rolle des Betriebsrats bei der Gestaltung von Arbeitsplätzen kennen.

Das Buch ist aus den Erfahrungen gewachsen, die der Autor als Personalleiter durch fünfundzwanzigjährige Zusammenarbeit mit Betriebsräten, als Referent von vielen arbeitsrechtlichen Seminaren für Führungskräfte und Betriebsratsmitglieder und als ehrenamtlicher Arbeitsrichter gewonnen hat. In der Arbeit mit Betriebsräten führte der Weg zum Konsens manchmal über den Konflikt. Der gemeinsam überwundene Konflikt kommt nicht selten der Qualität des Konsenses zugute. Das Buch wendet sich an den Betriebspraktiker und will ihm eine Hilfe im betrieblichen Alltag sein. Wenn es diesem Anspruch gerecht wird, so ist das auch den Teilnehmern meiner arbeitsrechtlichen Seminare zu verdanken. Sie haben durch ihre Beiträge und Fragen deutlich gemacht, wo für die betriebliche Praxis die Schwerpunkte und Schwierigkeiten bei und in der Anwendung des Gesetzes liegen. Die Antworten und Diskussionsergebnisse sind in das Buch eingegangen.

Das Buch ist so geschrieben, daß es für Nichtjuristen lesbar ist. Es soll andererseits auch praktischen juristischen Ansprüchen genügen, so z. B. in der Zitierung und Einarbeitung der wichtigsten Urteile höchstrichterlicher Rechtsprechung, insbesondere des Bundesarbeitsgerichts (BAG). Um handlich zu bleiben, mußte der Mut zur stofflichen Begrenzung aufgebracht werden. Maßstab für inhaltliche Berücksichtigung war allein die Bedeutung eines Themas für die betriebliche Praxis.

Deshalb finden u. a. folgende Themen besondere Beachtung:

- Die Information des Betriebsrats und die Kommunikation zwischen Arbeitgeber und Betriebsrat. Beides bestimmt entscheidend das Klima der Zusammenarbeit.
- Die Mitbestimmung des Betriebsrats in sozialen Angelegenheiten (§ 87) und dort besonders die betrieblichen Schwerpunkte Arbeitszeit und Arbeitsentgelt.
- Das Thema Kündigung und Betriebsrat sowie Betriebsänderungen und Sozialplan.
- Die Mitwirkung des Betriebsrats bei der Planung und Gestaltung von Arbeitsplätzen.
- Die Rechte des einzelnen Betriebsratsmitglieds und seine Pflichten als Arbeitnehmer.

Der Verfasser hat ein Buch aus der Praxis für die Praxis geschrieben. Deshalb ging es nicht nur um die Erläuterung von Vorschriften des Gesetzes. Es wird jeweils auch auf die Auswirkungen der Gesetzesanwendung für die betriebliche Praxis eingegangen. Dazu gehört auch, daß Grenzen der Mitbestimmung des Betriebsrats und Gestaltungsmöglichkeiten für den Arbeitgeber aufgezeigt werden.

Der Verfasser hofft und wünscht, daß das Buch allen denjenigen eine Hilfe ist, die in den Betrieben mit viel Einsatz und gutem Willen „zum Wohl der Arbeitnehmer und des Betriebs“ (§ 2) zusammenarbeiten.

Der Verfasser möchte mit diesen Lesern ins Gespräch kommen und freut sich auf Anregungen und Kritik.

Stuttgart, im Januar 1999 *Dr. Ekhard Pohle*

Inhalt

Abkürzungsverzeichnis

Abs.	Absatz
ArbG	Arbeitsgericht
ArbGG	Arbeitsgerichtsgesetz
ArbSchG	Arbeitsschutzgesetz
ArbSichG	Arbeitssicherheitsgesetz
ArbZG	Arbeitszeitgesetz
BAG	Bundesarbeitsgericht
BB	Zeitschrift Betriebs-Berater
BBiG	Berufsbildungsgesetz
BetrVG	Betriebsverfassungsgesetz
BGB	Bürgerliches Gesetzbuch
BGBl.	Bundesgesetzblatt
BUrlG	Bundesurlaubsgesetz
BVerfG	Bundesverfassungsgericht
DB	Zeitschrift Der Betrieb
gem.	gemäß
GewO	Gewerbeordnung
GG	Grundgesetz
GleiBG	Gleichberechtigungsgesetz
InsO	Insolvenzordnung
i. S.	im Sinne
JAV	Jugend- und Auszubildendenvertretung
KSchG	Kündigungsschutzgesetz
LAG	Landesarbeitsgericht
Ls	Leitsatz
NZA	Neue Zeitschrift für Arbeitsrecht
Randnr.	Randnummer
SchwbG	Schwerbehindertengesetz
SprAuG	Sprecherausschußgesetz
st. Rspr.	ständige Rechtsprechung
vgl.	vergleiche
WahlO	Wahlordnung
Ziff.	Ziffer

Alle Paragraphen ohne nähere Bezeichnung sind solche des Betriebsverfassungsgesetzes

I. Die Grundlagen der betriebsverfassungsrechtlichen Ordnung

1. Einleitung

1.1 Der Inhalt des Betriebsverfassungsgesetzes

Das Betriebsverfassungsgesetz (BetrVG) regelt die Beziehungen zwischen den Arbeitnehmervertretungen (Betriebsräten) und dem Arbeitgeber. Es enthält Vorschriften über die Wahl, die Organisation, die Rechte und Pflichten dieser Betriebsräte und der einzelnen Betriebsratsmitglieder. Es formuliert Grundsätze für die Zusammenarbeit zwischen Arbeitgeber und Betriebsrat. Dem Betriebsrat werden bestimmte Aufgaben zugewiesen, und er wird an Entscheidungen des Arbeitgebers beteiligt. 1

Die Beteiligungsrechte sind am stärksten bei den sogenannten sozialen Angelegenheiten, sie sind unterschiedlich gestaltet bei personellen Entscheidungen des Arbeitgebers und im Bereich wirtschaftlicher Angelegenheiten. Das Betriebsverfassungsgesetz gibt auch dem einzelnen Arbeitnehmer bestimmte Rechte.

Von der Mitwirkung und Mitbestimmung der Arbeitnehmervertretung in den Betrieben ist die Mitbestimmung in den Organen von Unternehmen zu unterscheiden. Nur die betriebliche Mitbestimmung ist Gegenstand des BetrVG. Die Mitbestimmung von Arbeitnehmervertretern auf der Ebene des Unternehmens ist im Mitbestimmungsgesetz geregelt.[1] 2

1.2 Der sachliche Geltungsbereich

Das BetrVG gilt in allen Betrieben mit in der Regel mindestens fünf ständigen Arbeitnehmern, die das 18. Lebensjahr vollendet haben (§§ 1, 7). Betriebe sind auch die Büros der 3

---

1 Für Großunternehmen gilt das Mitbestimmungsgesetz von 1976 (BGBl. I S. 1153) und für Unternehmen im Bereich Kohle und Stahl das Montanmitbestimmungsgesetz von 1951 – BGBl. I S. 347.

freien Berufe. Das Gesetz findet keine Anwendung im öffentlichen Dienst. Die Mitbestimmung der Angehörigen des öffentlichen Dienstes ist im Personalvertretungsgesetz geregelt.

4 Das BetrVG gilt nicht für Religionsgemeinschaften und ihre karitativen und erzieherischen Einrichtungen (§ 118 Abs. 2). Es gilt eingeschränkt für die sogenannten Tendenzbetriebe (§ 118 Abs. 1).

5 Tendenzbetriebe sind z. B. Parteiorganisationen, Theaterbetriebe oder Betriebe von Presseunternehmen. Die Eigenart dieser Tendenzbetriebe besteht darin, daß sie in erster Linie ideelle Ziele verfolgen oder Zwecken der Berichterstattung oder der Meinungsäußerung dienen. Sie sollen in ihrer ideellen oder durch Art. 5 Abs. 1 Satz 2 GG (Pressefreiheit) geschützten Zielsetzung nicht durch die Mitbestimmung von Betriebsräten beeinträchtigt werden.

6 In einer verkürzten Darstellung sehen diese Einschränkungen der Mitbestimmung so aus:

- Es gibt keinen Wirtschaftsausschuß (§ 106). Die Mitwirkung bei Betriebsänderungen (§ 111) reduziert sich auf das Recht des Betriebsrats, den Abschluß eines Sozialplanes verlangen zu können.
- Es gibt keine Mitbestimmung von Arbeitnehmervertretern in den Organen der Gesellschaften.
- Die Mitbestimmung bei personellen Einzelmaßnahmen beschränkt sich bei Arbeitnehmern, die sogenannte Tendenzträger sind, auf tendenzfreie Gesichtspunkte.

Beispiel:

In einem Pressebetrieb ist ein Redakteur „Tendenzträger", weil der Betrieb durch ihn seine Vorstellungen über Berichterstattung und Meinungsäußerung verwirklicht. Unter diesem Gesichtspunkt sind bei seiner Einstellung oder Versetzung die Beteiligungsrechte des Betriebsrats gemäß § 99 eingeschränkt.[2]

---

2 Vgl. bei Einstellung Randnr. 193.

Da die Geltung des Betriebsverfassungsgesetzes davon abhängig ist, ob ein Betrieb einen Betriebsrat hat, wird das Gesetz in Betrieben ohne Betriebsrat nicht angewandt.[3]

Das Betriebsverfassungsgesetz zwingt den Arbeitgeber nicht, von sich aus die Wahl von Betriebsräten zu betreiben. Dies ist der Initiative der Arbeitnehmer und ihrer Gewerkschaften überlassen (§ 17).[4] **7**

1.3 Der persönliche Geltungsbereich – Leitende Angestellte

Das BetrVG gilt für alle Arbeitnehmer, die nicht leitende Angestellte im Sinne von § 5 Abs. 3 sind. **8**

§ 5 Abs. 3 lautet:

Dieses Gesetz findet, soweit in ihm nicht ausdrücklich etwas anderes bestimmt ist, keine Anwendung auf leitende Angestellte. Leitender Angestellter ist, wer nach Arbeitsvertrag und Stellung im Unternehmen oder im Betrieb **9**

1. zur selbständigen Einstellung und Entlassung von im Betrieb oder in der Betriebsabteilung beschäftigten Arbeitnehmern berechtigt ist oder
2. Generalvollmacht oder Prokura hat und die Prokura auch im Verhältnis zum Arbeitgeber nicht unbedeutend ist oder
3. regelmäßig sonstige Aufgaben wahrnimmt, die für den Bestand und die Entwicklung des Unternehmens oder eines Betriebs von Bedeutung sind und deren Erfüllung besondere Erfahrungen und Kenntnisse voraussetzt, wenn er dabei entweder die Entscheidungen im wesentlichen frei von Weisungen trifft oder sie maßgeblich beeinflußt; dies kann auch bei Vorgaben insbesondere auf Grund von Rechtsvorschriften, Plänen oder Richtlinien sowie bei Zusammenarbeit mit anderen leitenden Angestellten gegeben sein.

Insbesondere § 5 Abs. 3 Nr. 3 hatte in der praktischen Anwendung und Auslegung zu Schwierigkeiten geführt. Deshalb wurde ab 1. 1. 1989 eine Nr. 4 angefügt, die Auslegungsregeln und Vermutungen formulierte und lautet: **10**

---

3 Ausnahme §§ 81–84 (Rechte des Arbeitnehmers).

4 Vgl. dazu Randnr. 486.

Leitender Angestellter nach Absatz 3 Nr. 3 ist im Zweifel, wer

1. aus Anlaß der letzten Wahl des Betriebsrats, des Sprecherausschusses oder von Aufsichtsratsmitgliedern der Arbeitnehmer oder durch rechtskräftige gerichtliche Entscheidung den leitenden Angestellten zugeordnet worden ist oder
2. einer Leitungsebene angehört, auf der in dem Unternehmen überwiegend leitende Angestellte vertreten sind, oder
3. ein regelmäßiges Jahresarbeitsentgelt erhält, das für leitende Angestellte in dem Unternehmen üblich ist, oder,
4. falls auch bei der Anwendung der Nummer 3 noch Zweifel bleiben, ein regelmäßiges Jahresarbeitsentgelt erhält, das das Dreifache der Bezugsgröße nach § 18 des Vierten Buches Sozialgesetzbuch überschreitet.

Daneben zählt § 5 Abs. 2 Inhaber von Funktionen oder Personen auf, die von vornherein nicht als Arbeitnehmer i. S. des BetrVG gelten, wie Organmitglieder juristischer Personen und Familienangehörige von Arbeitgebern.[5]

11 Die leitenden Angestellten werden vom Betriebsrat nicht vertreten. Sie haben kein aktives und passives Wahlrecht zum Betriebsrat. Der Arbeitgeber entscheidet in ihren personellen Angelegenheiten ohne Mitwirkung des Betriebsrats, der nur das Recht hat, über diese Entscheidung rechtzeitig informiert zu werden (§ 105).[6] Die Abgrenzung der leitenden Angestellten im Sinne von § 5 Abs. 3 Ziff. 3 war umstritten und hatte in der Vergangenheit zu zahlreichen Prozessen geführt.

12 Die Rechtsprechung des Bundesarbeitsgerichts[7] hat für den Begriff des leitenden Angestellten folgende Merkmale formuliert:

---

5 § 5 Abs. 2 Ziffer 5: Der Ehegatte, Verwandte und Verschwägerte ersten Grades, die in häuslicher Gemeinschaft mit dem Arbeitgeber leben.

6 § 105 lautet: Eine beabsichtigte Einstellung oder personelle Veränderung eines in § 5 Abs. 3 genannten leitenden Angestellten ist dem Betriebsrat rechtzeitig mitzuteilen. Siehe dazu auch Randnr. 45.

7 Vgl. u.a. BAG vom 10.2.1976, BB 1976 S. 839.

- Die Tätigkeit des Angestellten muß auf die Leitung des Unternehmens bezogen sein, also in erster Linie eine unternehmerische Tätigkeit anstelle des Unternehmers beinhalten. Sie darf sich nicht nur in reinen Aufsichtsfunktionen erschöpfen.
- Weiter ist erforderlich, daß der Angestellte einen eigenen erheblichen Entscheidungsspielraum hat. Eine völlige Weisungsunabhängigkeit ist nicht erforderlich.
- Außerdem wird daraus regelmäßig eine Interessenpolarität zwischen dem Angestellten und der Arbeitnehmerschaft, vertreten durch den Betriebsrat, folgen. Diese ist gegeben, wenn der Umfang der dem Angestellten übertragenen Aufgaben und das von ihm ausgehende Weisungsrecht zu einem direkten Gegnerbezug zur Arbeitnehmerschaft und zum Betriebsrat führt.

Später hat das BAG[8] festgestellt, daß Interessenpolarität **13**
schon aus der unternehmerischen Funktion folge und deshalb kein selbständiges Abgrenzungsmerkmal sei. Stets müsse eine Gesamtwürdigung der Tätigkeit des Angestellten vorgenommen werden, wobei die Wahrnehmung unternehmerischer (Teil-)Aufgaben den Schwerpunkt bilden müßte.[9]

Ein Unternehmen ist in der Gestaltung seiner Organisation **14**
und seiner Führungsstruktur frei. Deshalb kann es je nach dem Grad von Dezentralisation der Organisation, der Delegation von Aufgaben und tatsächlicher Ausstattung seiner Angestellten mit Kompetenzen und Vollmachten auf die Anzahl der leitenden Angestellten Einfluß nehmen.

Beispiele:

Der Leiter eines Produktionsbetriebs mit 300 Beschäftigten und Maschinen und Einrichtungen im Werte von vielen Millionen DM kann je nach Gestaltung von Organisation und Führungsstruktur des Unternehmens leitender Angestellter sein oder nicht.

1. Fall: Er untersteht direkt dem für die Produktion verantwortlichen Vorstandsmitglied in der Unternehmensleitung. Er

8 BAG vom 29.1.1980, BB 1980 S. 1374 = DB 1980 S. 1545.
9 St. Rspr., vgl. zuletzt BAG vom 25.10.1989, BB 1990 S. 1700.

trifft personelle Entscheidungen für seinen Betrieb weitgehend selbständig und entscheidet im Rahmen des Investitionsplanes über die Anschaffung von Maschinen in seinem Betrieb. Er ist leitender Angestellter.

2. Fall: Der Betriebsleiter untersteht einem Bereichsleiter der Produktion unterhalb der Vorstandsebene. Er hat für personelle Entscheidungen in seinem Bereich nur ein Vorschlagsrecht, und er muß für Investitionen die Zustimmung des Bereichsleiters einholen. Dieser Betriebsleiter ist kein leitender Angestellter.

Arbeitgeber und Angestellter können über die Eigenschaft „leitender Angestellter" keine verbindliche Entscheidung treffen. Die gesetzliche Regelung ist zwingend. Andernfalls wäre die Zahl der Arbeitnehmer, die vom Betriebsrat vertreten werden, mit Auswirkung auf Wählbarkeit, Zahl der Betriebsratsmitglieder und Freistellung derselben, manipulierbar. Entsprechende Erklärungen der Arbeitgeber gegenüber ihren Angestellten dienen der Klarstellung bei Betriebsratswahlen und/oder Zwecken der innerbetrieblichen Organisation.[10]

15 Durch das Sprecherausschußgesetz (SprAuG) vom 20.12. 1988 (BGBl. I S. 2312) sind ab 1.1.1989 eigene betriebliche Vertretungen für leitende Angestellte eingeführt worden, die Sprecherausschüsse. Sie haben Mitwirkungs-, Beratungs- und Unterrichtungsrechte, aber keine erzwingbaren Mitbestimmungsrechte wie der Betriebsrat.

2. Grundsätze für die Zusammenarbeit zwischen Arbeitgeber und Betriebsrat

2.1 Das Gebot der vertrauensvollen Zusammenarbeit

16 Leitidee des Gesetzes ist das Gebot der vertrauensvollen Zusammenarbeit zwischen Arbeitgeber und Betriebsrat zum Wohle der Arbeitnehmer und des Betriebs (§ 2). Beide Seiten sind also verpflichtet, nicht nur einseitig die Interessen der

10 Der Arbeitgeber kann z.B. dem leitenden Angestellten mitteilen: „Wir betrachten Sie in Ihrer derzeitigen Funktion als leitenden Angestellten ...".

Arbeitnehmer oder des Betriebs zu berücksichtigen. Damit wird gleichzeitig zum Ausdruck gebracht, daß „Klassenkampf" im Betrieb nicht zulässig ist. Bestehende Interessengegensätze sollen fair ausgetragen werden, ohne daß die Vertrauensbasis zerstört wird.

Das setzt im Umgang miteinander eine Einstellung voraus, die man u. a. so beschreiben kann:

- den anderen als gleichberechtigten Gesprächspartner akzeptieren,
- offen und ehrlich miteinander umgehen,
- Bereitschaft beider Seiten zum Ausgleich,
- Bemühen um das Finden einer ausgewogenen Lösung.

Das Gebot der vertrauensvollen Zusammenarbeit ist nicht nur **17**
ein unverbindlicher Programmsatz, sondern unmittelbar geltendes Recht mit konkreten Auswirkungen. Die Bestimmung wirkt zunächst als Auslegungsregel, ähnlich wie der allgemeine Rechtsgrundsatz von Treu und Glauben, wie er in § 242 des bürgerlichen Gesetzbuches formuliert ist.[11] Auch können unmittelbar Rechte und Pflichten für Arbeitgeber und Betriebsrat aus diesem Grundsatz abgeleitet werden.

Beispiele:

Umfang und Zeitpunkt der vom Arbeitgeber zu gebenden In- **18**
formationen werden vom Grundsatz der vertrauensvollen Zusammenarbeit beeinflußt. Der Arbeitgeber muß sich auf Wunsch des Betriebsrats zu Gesprächen bereitfinden. Er darf Verabredungen zu Gesprächen nicht ohne wirklich stichhaltigen Grund immer wieder absagen. Der Betriebsrat darf andererseits den Arbeitgeber nicht mit vermeidbaren oder unangemessen hohen Kosten seiner Tätigkeit belasten. Keine Seite darf gegen die andere arbeiten und ihre Rechte ausüben, um der anderen Seite Schaden zuzufügen. Das allgemeine Schikaneverbot[12] gilt auch in der Betriebsverfassung. Der Be-

---

11 § 242 BGB: Der Schuldner ist verpflichtet, die Leistung so zu bewirken, wie Treu und Glauben mit Rücksicht auf die Verkehrssitte es erfordern.

12 § 226 BGB: Die Ausübung eines Rechtes ist unzulässig, wenn sie nur den Zweck haben kann, einem anderen Schaden zuzufügen.

triebsrat darf nicht gegen den Arbeitgeber gerichtete Flugblätter verteilen, und er darf nicht in der Betriebsversammlung gegen den Arbeitgeber hetzen.

19 Der Arbeitgeber darf Mitarbeiterversammlungen einberufen. Er darf sie aber nicht als „Gegenveranstaltungen“ gegenüber Betriebsversammlungen mißbrauchen.[13]

20 Der Betriebsrat kann gestützt auf den Grundsatz vertrauensvoller Zusammenarbeit vom Arbeitgeber nicht verlangen, daß dieser die Wiedergabe von anonymen Zuschriften von Beschäftigten in Werkszeitungen untersagt. Werkszeitungen genießen den Schutz der Pressefreiheit.[14]

21 Aus dem Gebot der vertrauensvollen Zusammenarbeit können aber Mitbestimmungsrechte und Mitwirkungsrechte des Betriebsrats nicht abgeleitet werden, die das Gesetz selbst nicht vorsieht.

Beispiel:

Der Betriebsrat möchte mit dem Arbeitgeber über die Besetzung einer freien Stelle beraten. Er beruft sich auf das Gebot vertrauensvoller Zusammenarbeit. Der Arbeitgeber braucht nicht darauf einzugehen. Die Rechte des Betriebsrats bei der Besetzung einer freien Stelle sind unter den Stichworten „Einstellung“ bzw. „Versetzung“ in § 99 abschließend geregelt. Eine Beratung sieht das Gesetz nicht vor.[15]

22 Das Gebot der vertrauensvollen Zusammenarbeit wird durch andere Grundsätze ergänzt und konkretisiert. So sollen Arbeitgeber und Betriebsrat mindestens einmal im Monat zu einer Besprechung zusammentreten (§ 74 Abs. 1 Satz 1). Geht es dabei um strittige Fragen, so wünscht das Gesetz ein kooperatives Verhalten beider Seiten.

Arbeitgeber und Betriebsrat haben

- mit dem ernsten Willen zur Einigung zu verhandeln und
- Vorschläge für die Beilegung von Meinungsverschiedenheiten zu machen (§ 74 Abs. 1 Satz 2).

---

13 BAG vom 27.6.1989, BB 1989 S. 2254 (Ls.) = NZA 1990 S. 113.

14 BVerfG vom 8.10.1996, BB 1997 S. 205.

15 Vgl. zur Einstellung Kap. II 6 und Randnr. 161 f.

2.2 Die betriebliche Friedenspflicht

Die allgemeine Friedenspflicht (§ 74 Abs. 2 Satz 2)

Die vom Gesetz geforderte vertrauensvolle Zusammenarbeit kann nur gedeihen, wenn gewisse Grundvoraussetzungen erfüllt sind. Dazu gehört die Pflicht von Arbeitgeber und Betriebsrat, jede Betätigung zu unterlassen, durch die der Arbeitsablauf oder der Frieden des Betriebs beeinträchtigt werden (§ 74 Abs. 2 Satz 2). **23**

Verbot des Arbeitskampfes (§ 74 Abs. 2 Satz 1)

Maßnahmen des Arbeitskampfes zwischen Arbeitgeber und Betriebsrat sind unzulässig. Im Arbeitskampf tariffähiger Parteien ist der Betriebsrat zur Neutralität verpflichtet. Der Betriebsrat darf also nicht zum Streik aufrufen, und er darf in der Organisation des Streiks (Urabstimmung, Streikleitung) keine aktive Rolle übernehmen. Dies gilt für den Betriebsrat insgesamt als Organ der Betriebsverfassung. **24**

Ein einzelnes Betriebsratsmitglied, das Gewerkschaftsmitglied ist, ist in der Betätigung für seine Gewerkschaft auch im Betrieb nicht beschränkt (§ 74 Abs. 3). Ein Betriebsratsmitglied darf sich nicht nur als Arbeitnehmer am Streik beteiligen, sondern darf als Mitglied einer im Betrieb vertretenen Gewerkschaft die Urabstimmung organisieren oder in der Streikleitung tätig werden. Das Betriebsratsmitglied darf aber bei seiner Tätigkeit im Arbeitskampf nicht die Autorität seines Betriebsratsamtes einsetzen. **25**

Das Amt des Betriebsrats ruht bei Streik und Aussperrung nicht. Ein Betriebsratsmitglied darf nicht ausgesperrt werden, wenn bestimmte Betriebsratsfunktionen auf dem Betriebsgelände weiter wahrzunehmen sind, z. B. bei der Einrichtung eines Notdienstes. Verletzt der Betriebsrat seine Friedenspflicht und seine Pflicht zur Neutralität im Arbeitskampf, so gibt es nur die Möglichkeit eines Antrags gemäß § 23 Abs. 1.[16] **26**

16 Auflösung des Betriebsrats, vgl. Randnr. 67.

Verbot parteipolitischer Betätigung (§ 74 Abs. 2 Satz 3)

27 Arbeitgeber und Betriebsrat haben jede parteipolitische Betätigung im Betrieb zu unterlassen. Gegenseitige Überzeugungsversuche und Einwirken auf die Arbeitnehmer sind unzulässig. Die Arbeitnehmer können sich im Kollektiv der Arbeitnehmerschaft diesen Beeinflussungen nur schwer entziehen. Sie sollen aber in ihrer Wahl- und Meinungsfreiheit als Staatsbürger nicht beeinflußt werden. Im übrigen soll der Betriebsfrieden geschützt werden.

28 Deshalb darf der Betriebsrat einen Spitzenpolitiker während eines Wahlkampfes nicht für ein sozialpolitisches Referat zu einer Betriebsversammlung einladen.[17] Flugblätter zur Raketenstationierung gehören nicht an das Schwarze Brett.[18]

29 Es ist den Arbeitnehmern nicht untersagt, sich im Betrieb zu einer Partei zu bekennen, wenn die Erfüllung arbeitsvertraglicher Pflichten darunter nicht leidet und der Betriebsfrieden nicht gestört wird.

2.3 Grundsätze für die Behandlung der Betriebsangehörigen

30 Arbeitgeber und Betriebsrat haben darüber zu wachen, daß alle im Betrieb tätigen Personen nach den Grundsätzen von Recht und Billigkeit behandelt werden (§ 75 Abs. 1).

Dazu gehören als weitere Grundsätze

- Gebot der Gleichbehandlung,
- Verbot der Benachteiligung älterer Arbeitnehmer und
- Gebot der Förderung der freien Entfaltung der Persönlichkeit der Arbeitnehmer (§ 75 Abs. 2).

Auch diese Grundsätze sind wie der der vertrauensvollen Zusammenarbeit keine bloßen Programmsätze, sondern unmittelbar geltendes Recht mit Auswirkung auf die betriebliche Praxis. Sie setzen dem Arbeitgeber und dem Betriebsrat für die Behandlung der Betriebsangehörigen Maßstäbe und Schranken.

---

17 BAG vom 13.9.1977, BB 1978 S. 43.
18 BAG vom 12.6.1986, BB 1987 S. 1810.

Zu den Grundsätzen noch ein paar Bemerkungen:

1. Grundsatz: Der allgemeine Grundsatz der Behandlung nach Recht und Billigkeit

Dieser Grundsatz entspricht einem allgemeinen Prinzip des Arbeitsrechts und umfaßt als Generalklausel die folgenden Grundsätze sowie weitere, wie das Verbot schikanösen Verhaltens und das Gebot, Anstand und Sitte zu wahren. Beide Seiten haben die Pflicht, dafür Sorge zu tragen, daß alle Betriebsangehörigen sich entsprechend verhalten. Äußerstenfalls muß der Arbeitgeber einen Betriebsangehörigen entlassen, der dagegen verstößt. **31**

Der Betriebsrat kann nach § 104 die Entlassung eines Betriebsangehörigen verlangen, der gegen die Grundsätze von § 75 Abs. 1 verstößt.[19] **32**

2. Grundsatz: Verbot unterschiedlicher Behandlung (Gleichheitsgebot)

Jede unterschiedliche Behandlung von Personen wegen ihrer Abstammung, Religion, Nationalität, Herkunft, politischen oder gewerkschaftlichen Betätigung oder Einstellung oder wegen ihres Geschlechts hat zu unterbleiben (§ 75 Abs. 1). Die Aufzählung ist beispielhaft und nicht abschließend. Auch jede auf einer anderen Unterscheidung beruhende Diskriminierung ist verboten. **33**

Zulässig und unter Umständen sogar geboten ist eine unterschiedliche Behandlung von unterschiedlichen Sachverhalten. Der Kern des Gleichheitsgebots ist ein Willkürverbot. Arbeitgeber und Betriebsrat dürfen nicht zulassen, daß gleichliegende Sachverhalte willkürlich zu unterschiedlichen Maßnahmen führen. **34**

Das gilt auch bei der Bemessung freiwilliger Zulagen. **35**

---

19 § 104: Anspruch des Betriebsrats gegen den Arbeitgeber, betriebsstörende Arbeitnehmer zu entfernen. Der Anspruch ist mit Hilfe des Arbeitsgerichts durchsetzbar.

Beispiel:

Von den gewerblichen Arbeitnehmern eines Betriebes sollen nur die männlichen Mitarbeiter eine Zulage erhalten. Der generelle Ausschluß aller Frauen von dieser Zulage ist mit sachlichen Gründen nicht zu rechtfertigen. Eine solche Praxis verstößt nicht nur gegen Artikel 3 Abs. 2 und 3 GG, sondern auch gegen § 75 Abs. 1 BetrVG und ist unzulässig.[20]

3. Grundsatz: Verbot der Benachteiligung älterer Arbeitnehmer

36 Arbeitgeber und Betriebsrat haben darauf zu achten, daß Arbeitnehmer nicht wegen Überschreitung bestimmter Altersstufen benachteiligt werden. Dieser Grundsatz hat Bedeutung bei der Aufstellung von Richtlinien über die personelle Auswahl[21] bei Einstellungen, Versetzungen, Umgruppierungen und Kündigungen (§ 95). In Betriebsvereinbarungen dürfen nicht ohne weiteres Altersgrenzen festgelegt werden, bei deren Erreichung der Arbeitnehmer ohne Kündigung ausscheidet. Der Grundsatz bezieht sich aber nur auf bereits im Betrieb tätige Personen, nicht auf Bewerber für freie Stellen. Deshalb ist der Arbeitgeber nicht gehalten, auch ältere Bewerber einzustellen.

4. Grundsatz: Gebot der Förderung der freien Entfaltung der Persönlichkeit der im Betrieb beschäftigten Arbeitnehmer

37 Dieses Gebot bedeutet, daß, bei aller Anerkennung der Notwendigkeit kollektiver Regelungen von Arbeitsverhältnissen, ein bestimmter Freiraum für individuelle Abreden zwischen Arbeitnehmer und Arbeitgeber bleiben muß. Arbeitgeber und Betriebsrat dürfen keine Vereinbarungen treffen, die den Arbeitnehmer bevormunden. Die vom Grundsatz gewährleistete Freiheit der Persönlichkeit und ihr Recht auf Selbstbestimmung sind auch im Betrieb zu respektieren.[22]

---

20 BAG vom 11.9.1974, BB 1975 S. 281.

21 Vgl. zu Auswahlrichtlinien Randnr. 132 f.

22 Art. 2 Abs. 1 GG: Jeder hat das Recht auf die freie Entfaltung seiner Persönlichkeit, soweit er nicht die Rechte anderer verletzt und nicht gegen die verfassungsgemäße Ordnung oder das Sittengesetz verstößt.

Beispiele:

Betriebsvereinbarungen dürfen nicht bestimmen, wie der Arbeitnehmer den Urlaub verbringt, den Lohn verwendet, Nebenbeschäftigungen nachgeht oder nicht.

Das Tragen von Mützen darf nicht vorgeschrieben werden, wenn dies nicht aus hygienischen Gründen erforderlich ist.

Wenn der Betriebsrat die bargeldlose Lohnzahlung im Betrieb ablehnt, so kann er Einzelabreden zwischen dem Arbeitgeber und den Arbeitnehmern nicht unterbinden, die dies dennoch wünschen.

2.4 Gleichbehandlung von Männern und Frauen im Betrieb

Das 2. Gleichbehandlungsgesetz (GleiBG) vom 24.6.1994 (BGBl. I S. 1406) hat eine Reihe von Vorschriften des BetrVG geändert, ergänzt oder neu eingeführt, die der Gleichbehandlung der Geschlechter im Betrieb dienen. 38

Wegen der Wichtigkeit dieses Themas und der Übersichtlichkeit dieser Thematik in der Darstellung werden diese Gesetzesänderungen hier im Zusammenhang aufgeführt.

- *§ 16 Bestellung des Wahlvorstands:* Abs. 1: ... In Betrieben mit weiblichen und männlichen Arbeitnehmern sollen dem Wahlvorstand Frauen und Männer angehören. 39
  Dies gilt entsprechend auch für den Wahlvorstand bei der Wahl zur Jugend- und Auszubildendenvertretung (§ 63 Abs. 2), der auf § 16 Abs. 1 Satz 6 verweist.
- *§ 45 Themen der Betriebs- und Abteilungsversammlungen:* 40
  Bei den Themen, die behandelt werden können, werden nunmehr auch aufgeführt:
  ... Fragen der Frauenförderung und der Vereinbarkeit von Familie und Beruf ...
- *§ 80 Abs. 1 Allgemeine Aufgaben:* Eingefügt wurde eine Ziffer 2a. Danach hat der Betriebsrat die Aufgabe, die Durchsetzung der tatsächlichen Gleichberechtigung von Frauen und Männern, insbesondere bei der Einstellung, Beschäftigung, Aus-, Fort- und Weiterbildung und dem beruflichen Aufstieg, zu fördern. 41

42 • *§ 92 Personalplanung:* In Abs. 2 – Vorschlagsrecht des Betriebsrats für die Einführung einer Personalplanung – heißt es jetzt ergänzend: ... einschließlich Maßnahmen im Sinne des § 80 Abs. 1 Nr. 2a und ihre Durchführung ...

43 • *§ 93 Ausschreibung von Arbeitsplätzen:* Ergänzung: Er (der Betriebsrat) kann anregen, daß die freien Arbeitsplätze auch als Teilzeitarbeitsplätze ausgeschrieben werden. Der Zusammenhang mit dem Thema Gleichbehandlung ergibt sich dadurch, daß Teilzeitarbeitsplätze besonders geeignet sind, die berufliche Tätigkeit von Frauen zu fördern.

2.5 Die Informationspflicht des Arbeitgebers gegenüber dem Betriebsrat

Information als Basis der Mitwirkungsrechte des Betriebsrats

44 Der Betriebsrat kann seine Aufgaben nur dann wahrnehmen, wenn er die dazu notwendigen Informationen erhält. Deshalb hat der Gesetzgeber vorgeschrieben:

Zur Durchführung seiner Aufgaben nach diesem Gesetz ist der Betriebsrat rechtzeitig und umfassend vom Arbeitgeber zu unterrichten (§ 80 Abs. 2).

Was im Einzelfall rechtzeitig und umfassend ist, hängt von der konkreten Aufgabe ab, die der Betriebsrat in Verbindung mit der Information zu erfüllen hat.

Dazu einige Beispiele:

45 *1. Fall:* Der Betriebsrat ist nach § 105 über die Einstellung eines leitenden Angestellten zu unterrichten. Er hat keine Mitwirkungsrechte, soll aber wissen, wer ab wann welche leitende Position im Unternehmen einnimmt. Es ist also noch rechtzeitig, wenn der Betriebsrat einige Tage vor Dienstantritt informiert wird. Ist die Besetzung dieser Stelle schon vorher in der Betriebsöffentlichkeit im Gespräch, so wird aus dem Gebot vertrauensvoller Zusammenarbeit abgeleitet werden können, daß der Zeitpunkt früher zu legen ist.

46 *2. Fall:* Die Unterrichtung dient als Grundlage für eine Mitwirkung des Betriebsrats durch Beratung. Hier muß die Infor-

mation vor der Entscheidung liegen, und zwar so weit vorher, daß die Entscheidung noch beeinflußt werden kann. Die Unterrichtung ist umfassend, wenn der Betriebsrat die Tatsachen erfährt, die er wissen muß, um den Zweck seiner Beratung erreichen zu können.[23]

3. Fall: Der Betriebsrat informiert sich über die Einhaltung eines Arbeitnehmerschutzgesetzes (§ 80 Abs. 1 Ziff. 1). Hier bestimmt er selbst den Zeitpunkt seiner Information. Umfassend ist die Unterrichtung, wenn er vollständige Informationen und ggf. Unterlagen erhält, um zu einem zutreffenden Urteil zu kommen, ob der Arbeitgeber das betreffende Gesetz anwendet und einhält oder nicht. **47**

Die Unterrichtungspflicht wird inhaltlich begrenzt durch die Beziehung zur Aufgabe des Betriebsrats. Wo er keine Aufgaben wahrzunehmen hat, kann er keinen Anspruch auf Unterrichtung geltend machen.

Beispiel:

Der Arbeitgeber entscheidet über die Eignung eines Bewerbers. Der Betriebsrat hat nur ein Kontrollrecht (siehe die Zustimmungsverweigerungsgründe des § 99 Abs. 2).[24] Er hat keinen Anspruch auf Unterrichtung über die Tatsachen, die der Arbeitgeber seinen Eignungsüberlegungen zugrunde legt. **48**

Oder:

Die Planung technischer Anlagen ist mit dem Betriebsrat zu beraten (§ 90). Die Beratung erstreckt sich nicht auf die Investitionsentscheidung selbst. Informationen über Rentabilität und Finanzierung brauchen also nicht gegeben zu werden. **49**

Die Ausgestaltung der Unterrichtungspflicht

Die Unterrichtungspflicht bezieht sich auf sämtliche Aufgaben, die in dem Katalog des § 80 Abs. 1 genannt werden. Dar- **50**

---

23 Dies wird beispielhaft und detailliert abgehandelt bei der Information des Betriebsrats bei der Gestaltung von Arbeitsplätzen, vgl. Randnr. 425.

24 Vgl. Randnr. 171 f.

über hinaus bezieht sie sich auf alle anderen Aufgaben, die der Betriebsrat nach dem Betriebsverfassungsgesetz wahrzunehmen hat.

In fast allen Fällen ist die Unterrichtung die Basis für weitergehende Mitwirkung – Beratung oder Mitbestimmung –, so daß eine Unterrichtungspflicht auch immer dann gegeben ist, wenn der Betriebsrat derartige Mitwirkungsrechte hat (Beispiele dazu siehe unter 2.6 Beratung und Mitbestimmung).[25]

Unterrichtung anhand von Unterlagen

51 Dem Betriebsrat sind auf Verlangen jederzeit die zur Durchführung seiner Aufgaben erforderlichen Unterlagen zur Verfügung zu stellen (§ 80 Abs. 2 Satz 2). Die Zur-Verfügung-Stellung von Unterlagen knüpft als Unterfall der Unterrichtung an konkrete Aufgaben des Betriebsrats an. Deshalb hat der Betriebsrat keinen Anspruch auf Information anhand von Wirtschaftlichkeitsberechnungen für Investitionen oder Marktuntersuchungen. Hier ist kein Zusammenhang zu einer Aufgabe des Betriebsrats herzustellen.

52 Ist die Aufgabe gegeben, dann kann das Zur-Verfügung-Stellen im Einzelfall je nach Erforderlichkeit bedeuten

- Einsicht in die Unterlagen,
- Überlassung der Unterlagen auf Zeit oder sogar
- Überlassung der Unterlagen auf Dauer.

Beispiele:

53 Für die Mitwirkung des Betriebsrats bei der Planung von Neubauten (§ 90) wird es erforderlich sein, den Betriebsrat in die Unterlagen Einblick nehmen zu lassen und sie ihm ggf. für bestimmte Zeit zu überlassen. Eine Aushändigung auf Dauer wird der Betriebsrat nicht verlangen können, weil die Beratungsgegenstände nach § 90 dauernd wechseln und sich nach einiger Zeit erledigen.

---

25 Vgl. Randnr. 62 f.

Das Gesetz selbst erwähnt das Recht auf Einblick in die Listen über die Bruttolöhne und -gehälter (§ 80 Abs. 2, Satz 2).[26]

Hinzuziehung von Sachverständigen

Der Betriebsrat kann bei der Durchführung seiner Aufgaben nach näherer Vereinbarung mit dem Arbeitgeber Sachverständige hinzuziehen, soweit dies zur ordnungsgemäßen Erfüllung seiner Aufgaben erforderlich ist (§ 80 Abs. 3 Satz 1). Es kann komplizierte Sachverhalte geben, bei deren Erörterung der Betriebsrat seiner Aufgabe nur gerecht werden kann, wenn er sich durch Sachverständige unterrichten läßt. 54

Beispiel:

Der Arbeitgeber will mit dem Betriebsrat die Einführung eines Modells der betrieblichen Gewinnbeteiligung erörtern und darüber eine Betriebsvereinbarung abschließen. Dabei sind schwierige gesellschaftsrechtliche und steuerrechtliche Fragen zu erörtern.

Die Hinzuziehung des Sachverständigen muß er mit dem Arbeitgeber vorher vereinbaren, zumal der Arbeitgeber die durch die Tätigkeit des Betriebsrats entstehenden Kosten zu tragen hat (§ 40 Abs. 1).[27] Der Sachverständige hat die Aufgabe, fehlende Sach- und Fachkunde des Betriebsrats zu ersetzen. Das Gebot vertrauensvoller Zusammenarbeit führt dazu, daß der Betriebsrat zunächst alle betriebsinternen Informationsquellen ausschöpfen muß, sich ohne Sachverständige und damit ohne dem Arbeitgeber zusätzliche Kosten zu verursachen, sachverständig zu machen.[28] Er kann auch nicht ohne nähere Begründung die sachverständige Information durch den Arbeitgeber selbst oder leitende Angestellte als nicht ausreichend oder befangen zurückweisen. Auch ist zu berücksichtigen, daß der Betriebsrat sich durch im Betrieb vertretene Gewerkschaften beraten lassen kann. 55

26 Vgl. dazu Randnr. 56f.

27 Vgl. zu den Kosten des Betriebsrats Randnr. 519.

28 BAG vom 4.6.1987, BB 1988 S. 69, 766.

56 Der Betriebsausschuß oder ein nach § 28 gebildeter Ausschuß ist berechtigt, in die Listen über die Bruttolöhne und -gehälter Einblick zu nehmen (§ 80 Abs. 2 Satz 2, letzter Halbsatz). Soweit es sich um die Tariflöhne und -gehälter handelt, liegt ein Unterfall seiner allgemeinen Überwachungspflicht nach § 80 Abs. 1 Ziff. 1 vor. Es ist seine Aufgabe, die Durchführung von Tarifverträgen zu überwachen. Das Einsichtsrecht ist nicht auf Betriebe über 300 Arbeitnehmer begrenzt (wegen der Erwähnung des Betriebsausschusses). Bei kleineren Betrieben steht das Einblicksrecht dem Betriebsratsvorsitzenden oder einem Betriebsratsmitglied zu, dem die laufenden Geschäfte nach § 27 Abs. 4 übertragen worden sind.

57 Das Einblicksrecht in die Bruttolohn- und Gehaltslisten erstreckt sich auch auf die übertariflichen Zulagen der Tariflöhne oder Tarifgehälter. Dies gilt auch für übertarifliche Sonderzahlungen und freiwillig gezahlte Prämien.

58 Der Betriebsrat darf auch die Gehaltslisten der außertariflichen Angestellten[29] einsehen. Ein berechtigtes Interesse braucht er nicht darzulegen – so aber die frühere Rechtsprechung. Das Einblicksrecht ist auch gegeben, wenn einzelne betroffene Arbeitnehmer nicht einverstanden sind.[30]

Der Arbeitgeber ist nicht verpflichtet, dem Betriebsrat die Gehaltslisten selbst oder Fotokopien davon auszuhändigen. Der Betriebsrat hat aber das Recht, sich Notizen zu machen.[31]

59 Der Betriebsrat hat hingegen nicht das Recht, über die Gehälter der leitenden Angestellten informiert zu werden. Er kann auch nicht den Einblick in Arbeitsverträge verlangen. Sie sind Bestandteil der Personalakten, die dem Einblicksrecht des Betriebsrats nicht unterliegen, es sei denn, der betroffene Arbeitnehmer stimmt dem zu.

---

29 „Außertariflich" sind Angestellte mit einem monatlichen Arbeitsentgelt, das wesentlich über das höchste Tarifgehalt des jeweils anzuwendenden Tarifvertrags hinausgeht. Ihr Gehalt wird nicht einer Tarifgruppe zugeordnet, also nicht „eingruppiert".

30 BAG vom 17.2.1983, BB 1983 S. 1214.

31 BAG vom 15.6.1976, BB 1976 S. 1223.

Die Pflicht des Betriebsrats zur Geheimhaltung

Der Betriebsrat hat das Recht auf umfassende Unterrichtung dort, wo das Gesetz ihm Aufgaben zuweist. Darunter können auch Tatsachen und Sachverhalte sein, die der Arbeitgeber als Betriebs- und Geschäftsgeheimnisse betrachtet und vertraulich behandelt wissen will. Jedenfalls darf der Arbeitgeber diese Informationen nicht mit Hinweis auf ihre Vertraulichkeit zurückhalten. **60**

Andererseits sind Betriebsratsmitglieder zur Geheimhaltung verpflichtet. Sie dürfen Betriebs- und Geschäftsgeheimnisse nicht offenbaren noch verwerten, und zwar auch nicht nach ihrem Ausscheiden aus dem Betriebsrat (§ 79).

Der Arbeitgeber bestimmt, was er als Betriebs- oder Geschäftsgeheimnis betrachtet. Den Kreis darf er aber nicht willkürlich zu weit ziehen. Deshalb hat die Rechtsprechung den Begriff definiert. Danach versteht man darunter Tatsachen, die nicht offenkundig, sondern nur einem eng begrenzten Personenkreis bekannt sind. Ihrer Geheimhaltung muß ein berechtigtes wirtschaftliches Interesse zugrunde liegen.[32] **61**

Wer unbefugt ein fremdes Betriebs- oder Geschäftsgeheimnis offenbart, wird mit Freiheitsstrafe bis zu einem Jahr oder mit Geldstrafe bestraft (§ 120 Abs. 1).

2.6 Beratung und Mitbestimmung

Beratung umfaßt die gewissenhafte Prüfung der gegenseitigen Argumente und das ernsthafte Bemühen um eine beiden Seiten gerecht werdende Lösung. Beratung muß also stattfinden, bevor die endgültige Entscheidung getroffen wird. Sie gibt dem Betriebsrat die Chance, auf diese Entscheidung Einfluß zu nehmen. Falls kein Einvernehmen erzielt werden kann, liegt die Entscheidung beim Arbeitgeber. **62**

Beratungsrechte sind im Gesetz z. B. in folgenden Fällen festgelegt:

- § 90: Gestaltung der Arbeitsplätze, des Arbeitsablaufs und der Arbeitsumgebung;

---

32 BAG vom 26.2.1987, BB 1987 S. 2448.

- § 92: Art und Umfang der sich aus der Personalplanung ergebenden Maßnahmen;
- § 96, 97: Fragen der beruflichen Bildung.

63 Mitbestimmung ist die stärkste Form der Beteiligung des Betriebsrats. Mitbestimmung im engeren Sinne bedeutet, daß eine Angelegenheit nicht gegen den Willen des Betriebsrats geregelt werden kann. Es bedarf also, wie beim Zustandekommen eines Vertrages, des Zusammenwirkens beider Parteien, um ein Ergebnis zu erzielen.

Mitbestimmungsrechte in diesem Sinne sind im Gesetz z.B. in folgenden Fällen festgelegt:

- § 87 Abs. 1: Die 12 Fälle sog. sozialer Angelegenheiten;
- § 94: Personalfragebogen und Aufstellung allgemeiner Beurteilungsgrundsätze;
- § 95 Abs. 2: Richtlinien über die personelle Auswahl bei Einstellungen, Versetzungen, Umgruppierungen und Kündigungen in Großbetrieben;
- § 98 Abs. 1: Die Durchführung von Maßnahmen der betrieblichen Berufsbildung.

64 Bei einem Fall zwingender Mitbestimmung und bei Nichteinigung kann der Arbeitgeber entweder den Fall auf sich beruhen lassen oder die dafür vorgesehene weitere Instanz (Einigungsstelle oder Arbeitsgericht) bemühen.[33] Nur in Fällen, in denen der Betriebsrat auch ein Initiativrecht hat, kann er von sich aus die Behandlung des Gegenstandes, über den man sich nicht geeinigt hat, weiter betreiben.

2.7 Die Sicherung der betriebsverfassungsrechtlichen Ordnung

65 Das BetrVG überläßt die Einhaltung seiner Vorschriften nicht dem guten Willen von Arbeitgeber und Betriebsrat. Es ordnet vielmehr Sanktionen gegen ein entsprechend im Gesetz näher umschriebenes Fehlverhalten der einen oder anderen Seite an.

---

33 Zur Einigungsstelle vgl. Randnr. 397 f.

Die einzelnen Fälle:

- § 23 Abs. 3: Bei einem groben Verstoß des Arbeitgebers gegen seine Verpflichtungen aus diesem Gesetz kann das Arbeitsgericht anordnen, eine Handlung zu unterlassen, die Vornahme einer Handlung zu dulden oder eine Handlung vorzunehmen. Zur Erzwingung kann es Ordnungsgeld und Zwangsgeld bis zu DM 20000,– gegen ihn festsetzen. Antragsberechtigt sind Betriebsrat oder eine im Betrieb vertretene Gewerkschaft. **66**

- § 23 Abs. 1: Verletzt der Betriebsrat als Ganzes oder ein einzelnes Betriebsratsmitglied in grober Weise seine gesetzlichen Verpflichtungen, so kann das Arbeitsgericht die Auflösung des Betriebsrats oder den Ausschluß eines Betriebsratsmitglieds vom Betriebsrat aussprechen. Antragsberechtigt sind der Arbeitgeber oder eine im Betrieb vertretene Gewerkschaft. **67**

- § 98 Abs. 5: Das Arbeitsgericht kann ein Ordnungsgeld bis zu DM 20000,– gegen den Arbeitgeber festsetzen, wenn dieser rechtskräftige gerichtliche Entscheidungen hinsichtlich der dort geregelten Mitbestimmung des Betriebsrats bei der betrieblichen Bildung nicht ausführt. **68**

- § 101: Das Arbeitsgericht kann Zwangsgeld in Höhe von DM 500,– für jeden Tag der Zuwiderhandlung verhängen, wenn der Arbeitgeber eine personelle Maßnahme nach § 99 ohne Zustimmung des Betriebsrats durchführt. **69**

- § 104: Zwangsgeld in Höhe von DM 500,– für jeden Tag der Zuwiderhandlung, wenn der Arbeitgeber eine rechtskräftige gerichtliche Entscheidung über die Entlassung eines betriebsstörenden Arbeitnehmers nicht durchführt. **70**

- § 121: Festlegung einer Geldbuße bis DM 20000,– gegen jeden, der im Sinne des § 121 Abs. 1 ordnungswidrig handelt, d.h. die dort näher bezeichneten Aufklärungs- und Auskunftspflichten gegenüber dem Betriebsrat nicht, wahrheitswidrig, unvollständig oder verspätet erfüllt. **71**

Hinweis zu § 121: Diese Bußgelder können nicht nur gegen den Arbeitgeber, sondern auch gegen von ihm beauftragte leitende Angestellte oder Führungskräfte festgesetzt werden.

72 *Beispiele aus der Rechtsprechung:*

- Der Arbeitgeber begeht keinen groben Verstoß im Sinne von § 23 Abs. 3, wenn er in einer schwierigen und ungeklärten Rechtsfrage eine bestimmte Meinung vertritt und danach handelt.[34]
- Mitarbeiter leisten aus eigenem Entschluß Mehrarbeit. Der Arbeitgeber akzeptiert dies, holt aber die erforderliche Zustimmung des Betriebsrats nicht ein. Dies ist kein grober Verstoß i. S. von § 23 Abs. 3.
- Bei Einführung der 38,5-Stunden-Woche regelt der Arbeitgeber einseitig die betriebliche Arbeitszeit: Dies ist ein grober Verstoß i. S. von § 23 Abs. 3.[35]

Der Unterlassungsanspruch des Betriebsrats

73 Der Betriebsrat hat bei groben Verstößen des Arbeitgebers gegen seine Verpflichtungen aus dem BetrVG einen Unterlassungsanspruch, § 23 Abs. 3.[36] Er kann einen entsprechenden Antrag beim Arbeitsgericht stellen und, bei Vorliegen der entsprechenden Voraussetzungen, den Antrag auf Unterlassung auch im Wege des Verfahrens einer einstweiligen Verfügung durchsetzen.

74 Es war und ist umstritten, ob es daneben noch andere Unterlassungsansprüche gibt, bei denen ein „grober Verstoß" des Arbeitgebers nicht vorausgesetzt wird. Dies hat das BAG für den Fall der Verletzung von Mitbestimmungsrechten des Betriebsrats nach § 87 Abs. 1 bejaht.[37]

75 In der Praxis bedeutet das, daß der Betriebsrat sich gegen jede Verletzung seiner Mitbestimmungsrechte nach § 87 Abs. 1, auch in erstmaligen oder einmaligen Fällen, mit einem Antrag auf Unterlassung wehren kann. Wird der Antrag positiv entschieden, so setzt das Arbeitsgericht auf Antrag bei Zuwiderhandlungen des Arbeitgebers Ordnungsgelder bis DM 20000,– fest.

---

34 BAG vom 23.4.1991, BB 1992 S. 565.

35 ArbG Münster vom 8.9.1986, BB 1987 S. 61.

36 Vgl. Randnr. 66.

37 BAG vom 3.5.1994, BB 1994 S. 2273.

3. Die allgemeinen Aufgaben des Betriebsrats

3.1 Die Überwachungspflicht des Betriebsrats

Das Gesetz überträgt dem Betriebsrat eine umfassende 76 Überwachungspflicht. Er hat darüber zu wachen, daß die zugunsten der Arbeitnehmer geltenden Gesetze, Verordnungen, Unfallverhütungsvorschriften, Tarifverträge und Betriebsvereinbarungen durchgeführt werden (§ 80 Abs. 1 Ziff. 1). Die inhaltliche Begrenzung dieser umfassenden Überwachungspflicht ergibt sich durch die Zweckbestimmung der Norm, die „zugunsten der Arbeitnehmer gelten" muß. Diese Schutzfunktion muß die eigentliche Aufgabe der Norm sein. Deshalb gehört hierher das gesamte Arbeitnehmerschutzrecht, wie es z. B. im Mutterschutzgesetz, im Jugendarbeitsschutzgesetz, in den Urlaubsgesetzen, in Bestimmungen der Gewerbeordnung und im Arbeitszeitgesetz niedergelegt ist.

Der Betriebsrat hat also für diesen Normenbereich eine Kon- 77 trollfunktion, und ihm steht dabei das Recht auf umfassende Information zu (§ 80 Abs. 2). Er ist nicht ein allgemeines Kontrollorgan des Arbeitgebers in bezug auf die Einhaltung von für den Betrieb geltenden Rechtsnormen. Dafür sind staatliche Behörden auf jeweils ihrem Gebiet da, wie z. B. das Gewerbeaufsichtsamt oder das Finanzamt.

Der Betriebsrat hat z. B. nicht die Einhaltung von Vorschriften des Lohnsteuerrechts oder des Sozialversicherungsrechts zu überwachen. Diese Vorschriften begründen für den Arbeitgeber eine zwingende öffentlich-rechtliche Verpflichtung. Er handelt hier im Auftrag des Staates und nicht als Arbeitgeber. Die Überwachungspflicht des Betriebsrats steht unter dem Gebot der vertrauensvollen Zusammenarbeit. Wenn der Betriebsrat Rechtsverstöße feststellt, muß er den Arbeitgeber darauf aufmerksam machen und auf Abhilfe hinwirken. Der Arbeitgeber seinerseits ist verpflichtet, mit dem Betriebsrat über die Angelegenheit zu sprechen und für Abhilfe zu sorgen.

Betriebsratsmitglieder haben in Ausübung ihres Amtes, z. B. 78 bei Überwachung der Einhaltung von Unfallverhütungsvorschriften, Zutritt zu allen Betriebsräumen. Zutrittsverbote für „Unbefugte" sind für Betriebsratsmitglieder unverbindlich.

Der Betriebsrat braucht vor dem Betreten derart gekennzeichneter Räume keine Erlaubnis des Arbeitgebers einzuholen. Andererseits haben Betriebsratsmitglieder vor dem Besuch von Betriebsräumen den zuständigen Betriebs- oder Abteilungsleiter zu informieren. Das gilt auch für freigestellte Betriebsratsmitglieder.

3.2 Die Förderung besonders schutzbedürftiger Arbeitnehmergruppen

79 Minderheiten sind stets besonders schutzbedürftig. Das gilt auch für Minderheiten im Betrieb. Es besteht die Gefahr, daß sie durch den Arbeitgeber, den Betriebsrat oder durch andere Gruppen von Arbeitnehmern diskriminiert werden. Das Amt des Betriebsrats ist ein politisches Amt. Der Betriebsrat wird gewählt. Deshalb ist die Gefahr nicht auszuschließen, daß er sich bei der Wahrnehmung der Interessen der Arbeitnehmer einseitig von den Interessen der Mehrheit leiten läßt.

Das Gesetz hat dem Betriebsrat die Interessenvertretung betrieblicher Minderheiten aufgegeben. Er hat nicht nur die Einhaltung der zugunsten dieser Minderheiten bestehenden Rechtsvorschriften zu kontrollieren, sondern ihm wird auferlegt, für diese Gruppen aktiv zu werden. Minderheiten im Betrieb sind ältere Arbeitnehmer, Schwerbehinderte, ausländische Arbeitnehmer und Jugendliche.

80 *Ältere Arbeitnehmer*

Der Betriebsrat hat

- ihre Beschäftigung im Betrieb zu fördern (§ 80 Abs. 2 Ziff. 1),
- eine Benachteiligung älterer Arbeitnehmer wegen Überschreitung bestimmter Altersgruppen zu verhindern (§ 75 Abs. 1 letzter Satz) und
- die Belange älterer Arbeitnehmer bei der beruflichen Bildung zu berücksichtigen (§ 96 Abs. 2 letzter Satz).

Schwerbehinderte **81**

(und sonstige besonders schutzbedürftige Personen)

Der Betriebsrat hat

- ihre Eingliederung in den Betrieb zu fördern (§ 80 Abs. 1 Ziff. 4) und
- in Betriebsratssitzungen mit der Schwerbehindertenvertretung zu beraten (Teilnahmerecht der Schwerbehindertenvertretung, § 32).[38]

Ausländische Arbeitnehmer **82**

Der Betriebsrat hat ihre Eingliederung in den Betrieb und das Verständnis zwischen ihnen und den deutschen Arbeitnehmern zu fördern (§ 80 Abs. 1 Ziff. 7).

Jugendliche Arbeitnehmer und Auszubildende **83**

Der Betriebsrat hat

- die Wahl der Jugend- und Auszubildendenvertretung vorzubereiten und durchzuführen (§ 80 Abs. 1 Ziff. 5);
- mit der Jugend- und Auszubildendenvertretung eng zusammenzuarbeiten und die Belange der jugendlichen Arbeitnehmer zu fördern (§ 80 Abs. 1 Ziff. 5);
- Anregungen der Jugend- und Auszubildendenvertretung entgegenzunehmen und, falls sie berechtigt erscheinen, mit dem Arbeitgeber darüber zu verhandeln (§ 80 Abs. 1 Ziff. 3).

Der Betriebsrat hat die Belange dieser Minderheiten zu „fördern". Dem kommt er nach, wenn er Vorschläge dieser Gruppen aufgreift oder mit eigenen Vorschlägen für Maßnahmen zugunsten dieser Minderheiten an den Arbeitgeber herantritt. Der Arbeitgeber braucht diesen Vorschlägen nicht zu folgen. Im Rahmen der vertrauensvollen Zusammenarbeit muß er sie mit dem Betriebsrat beraten. Über strittige Fragen haben beide Seiten mit dem ernsten Willen zur Einigung zu verhandeln und Vorschläge für die Beilegung von Meinungsverschiedenheiten zu machen (§ 74 Abs. 1).[39] **84**

---

38 S. § 25 Abs. 1 Ziff. 4 SchwbG.

39 S. auch Randnr. 16, 17.

3.3 Vorbeugender Gesundheitsschutz und Humanisierung der Arbeitswelt

85 In der Liste der allgemeinen Aufgaben des Betriebsrats stehen die Unfallverhütung und der Arbeitsschutz ganz oben.

Das Gesetz verpflichtet und berechtigt den Betriebsrat zur Zusammenarbeit mit allen Stellen, die sich diesen Aufgaben widmen. Das ist in erster Linie der Arbeitgeber selbst, der sich in der Sorge um die Gesundheit der Arbeitnehmer durch niemanden übertreffen lassen sollte. Ein verständiger Arbeitgeber wird den Betriebsrat in alle Maßnahmen einbeziehen, die diesem Ziel dienen. Hier eröffnet sich ein Gebiet gemeinsamer Tätigkeit, bei der es grundlegende Meinungsverschiedenheiten nicht geben sollte. Natürlich kostet Arbeitssicherheit Geld, und wenn der Arbeitgeber die geltenden Sicherheitsvorschriften einhält, wird auch der Betriebsrat für jede darüber hinausgehende Maßnahme wirtschaftliche Überlegungen berücksichtigen müssen.

86 Das Gesetz verpflichtet Arbeitgeber und Betriebsrat über Arbeitsschutz und Unfallverhütung hinaus, auf die Anwendung arbeitswissenschaftlicher Erkenntnisse im Sinne einer menschengerechten Gestaltung der Arbeit zu achten. Mit der „Humanisierung der Arbeitswelt“ als gemeinsamem Ziel bietet sich ein Tätigkeitsfeld, auf dem Arbeitgeber und Betriebsrat vertrauensvolle Zusammenarbeit relativ konfliktfrei und ohne grundlegende Interessengegensätze praktizieren können.

Die Aufgaben des Betriebsrats zu den Themen dieses Kapitels sind vom Gesetzgeber nicht in einem besonderen Abschnitt des Gesetzes zusammengefaßt worden. Entsprechende Vorschriften durchziehen das Gesetz wie ein roter Faden. Zum Teil werden diese Aufgaben zusammen mit bestimmten Mitwirkungsrechten des Betriebsrats abgehandelt (z. B. bei § 90).[40]

Um die Bedeutung dieser Aufgaben herauszustellen, werden nachfolgend die einzelnen Vorschriften zusammengestellt:

---

40 Vgl. dazu und speziell zu arbeitswissenschaftlichen Erkenntnissen Randnr. 422, 439 und 443.

- § 80 Abs. 1 Ziff. 1: Der Betriebsrat überwacht die Einhaltung von Unfallverhütungsvorschriften. **87**
- § 80 Abs. 1 Ziff. 2: Der Betriebsrat beantragt Maßnahmen, **88** die dem Betrieb und der Belegschaft dienen. (Dazu können Maßnahmen im Sinne unseres Themas gehören.)

Hinweis: Der Betriebsrat kann den Arbeitgeber über dieses thematisch nicht eingegrenzte Antragsrecht nicht zur Erörterung von Angelegenheiten zwingen, für die der Betriebsrat nicht zuständig ist.

- § 87 Ziff. 7: Der Betriebsrat hat ein Mitbestimmungsrecht **89** bei betrieblichen Regelungen über Verhütung von Arbeitsunfällen, Berufskrankheiten und Gesundheitsschutz. Der Rahmen dieser Regelungen wird durch gesetzliche Vorschriften und Unfallverhütungsvorschriften abgesteckt.[41]
- § 88 Ziff. 1: Durch Betriebsvereinbarung können zusätz- **90** liche Maßnahmen zur Verhütung von Arbeitsunfällen und Gesundheitsschädigungen geregelt werden.

Hinweis: „Zusätzlich" sind die Maßnahmen, die dem Arbeitgeber nicht vorgeschrieben sind. Er kann freiwillig mehr tun. Deshalb sind Betriebsvereinbarungen nach § 88 Ziff. 1 nicht erzwingbar. Der Arbeitgeber kann diese Maßnahmen auch einseitig anordnen.[42]

- § 89: Der Betriebsrat hat folgende Mitwirkungsrechte und **91** -pflichten:
  - Er hat die für den Arbeitsschutz zuständigen Behörden und Stellen zu unterstützen.
  - Er ist bei Betriebsbesichtigungen hinzuzuziehen, wenn es um Unfallverhütung und die Untersuchung von Unfällen geht.
  - Ein Betriebsratsmitglied nimmt an Besprechungen des Arbeitgebers mit Sicherheitsbeauftragten und an den Sitzungen des Arbeitsschutzausschusses teil.

---

41 Nach § 9 Abs. 3 ArbSichG bestimmt der Betriebsrat mit bei der Bestellung und Abberufung von Betriebsärzten und Fachkräften für Arbeitssicherheit.

42 Zum Thema „Betriebsvereinbarungen" allgemein s. auch Randnr. 383 f.

92 • § 90: Der Betriebsrat berät bei der Planung von Arbeitsplätzen etc. mit dem Arbeitgeber die Anwendung gesicherter arbeitswissenschaftlicher Erkenntnisse.[43]

93 • § 91: Der Betriebsrat kann korrigierende Maßnahmen verlangen und diese über die Einigungsstelle erzwingen, wenn der Arbeitgeber arbeitstechnische Veränderungen einführt, die gesicherten arbeitswissenschaftlichen Erkenntnissen offensichtlich widersprechen.[44]

94 • § 92: Im Rahmen der Personalplanung sind „Art und Umfang der erforderlichen Maßnahmen" mit dem Betriebsrat zu erörtern. Das können bei steigendem Personalbedarf auch Fragen des Arbeitsschutzes und der menschengerechten Gestaltung der Arbeitsplätze für die zukünftigen Mitarbeiter sein.[45]

95 • § 99 Abs. 2 Ziff. 1: Der Betriebsrat kann seine Zustimmung zur Einstellung (oder Versetzung) eines Arbeitnehmers verweigern, wenn diese personelle Maßnahme gegen eine Unfallverhütungsvorschrift verstoßen würde.[46]

4. Die Stellung der Gewerkschaften im Betrieb

Aufgabentrennung und Zusammenarbeit

96 Gewerkschaften und Betriebsräte haben unterschiedliche Aufgaben: Die überbetrieblich organisierten Gewerkschaften haben das Interesse ihrer Mitglieder gegenüber dem Tarifvertragspartner (Arbeitgeberverbänden) zu vertreten, insbesondere beim Abschluß von Tarifverträgen. Demgegenüber ist es Aufgabe des Betriebsrats, auf der Grundlage des BetrVG bei der Gestaltung der innerbetrieblichen Angelegenheiten mitzuwirken.

Der Betriebsrat hat seine Aufgaben in voller Unabhängigkeit von den im Betrieb durch Mitglieder und Vertrauensleute vertretenen Gewerkschaften wahrzunehmen.

---

43 Vgl. dazu Randnr. 443.
44 Vgl. dazu Randnr. 444.
45 Vgl. dazu Randnr. 108 f.
46 Vgl. dazu Randnr. 174.

Die im Betrieb vertretenen Gewerkschaften haben ein Zutrittsrecht zum Betrieb zur Wahrnehmung der ihnen nach dem BetrVG zustehenden Aufgaben.[47] Die Gewerkschaft muß die Betriebsleitung vorher hiervon in Kenntnis setzen und stichwortartig den Grund für den gewünschten Zutritt mitteilen. Die Zustimmung des Arbeitgebers ist nicht erforderlich. 97

Der Zutritt kann verweigert werden, wenn

- unumgängliche Notwendigkeiten des Betriebsablaufs,
- zwingende Sicherheitsvorschriften oder
- der Schutz von Betriebsgeheimnissen

dem entgegenstehen.

Der Zutritt kann auch verweigert werden, wenn der Grund dafür nicht durch die Ausübung der den Gewerkschaften im Betrieb zustehenden Rechte gedeckt ist. Kein Zutrittsrecht besteht zum einzelnen Arbeitsplatz.

Die Rechte der Gewerkschaften nach dem BetrVG

Gewerkschaften und Arbeitgeberverbände werden in den Grundsatz der vertrauensvollen Zusammenarbeit mit einbezogen. 98

Es heißt in § 2, Arbeitgeber und Betriebsrat sollen mit ihnen zusammenwirken. Gewerkschaften und Arbeitgeberverbände erhalten dadurch jedoch kein eigenständiges Recht, sich nach ihrem Ermessen in die Zusammenarbeit der Partner auf Betriebsebene einzuschalten. Es ist der Initiative des Betriebsrats überlassen, wie er die Zusammenarbeit mit den im Betrieb vertretenen Gewerkschaften gestaltet.

Der rechtliche Status der Gewerkschaften in der Betriebsverfassung ist nicht durch eine Generalklausel umschrieben, sondern ist gekennzeichnet durch vom Gesetz einzeln und abschließend aufgeführte Kontroll- oder Unterstützungsrechte.

Die Kontrollrechte übt die Gewerkschaft unabhängig vom Betriebsrat aus. Unterstützend kann sie nur tätig werden, wenn der Betriebsrat es wünscht.

---

47 BAG vom 26.1.1982, BB 1982 S. 1173.

Die Gewerkschaften haben im Rahmen der Betriebsverfassung folgende Rechte:

99 • Initiativrecht bei der Bildung von Betriebsräten:[48] In Betrieben, die bisher keinen Betriebsrat haben, hat die Gewerkschaft die Möglichkeit, den Anstoß für die Bildung von Betriebsräten zu geben. Sie kann zu einer Betriebsversammlung einladen und Vorschläge für die Zusammensetzung des Wahlvorstandes machen (§ 17 Abs. 2). Sie kann einen untätigen Wahlvorstand durch das Arbeitsgericht ersetzen lassen (§ 18 Abs. 1) und erhält nach der Wahl eine Abschrift der Wahlniederschrift (§ 18 Abs. 3). Diese Rechte hat sie auch bei der Wahl der Jugend- und Auszubildendenvertretung (§ 63 Abs. 2).

100 • Teilnahme an Betriebsversammlungen:[49] Der Zeitpunkt und die Tagesordnung der Betriebs- oder Abteilungsversammlungen sind den im Betriebsrat vertretenen Gewerkschaften schriftlich mitzuteilen (§ 46 As. 2). Sie haben das Recht, dort zu sprechen. Sie haben aber kein Stimmrecht und können keine Anträge stellen.

• Möglichkeit, eine Betriebsversammlung zu erzwingen, wenn der Betriebsrat untätig ist: Auf Antrag einer im Betrieb vertretenen Gewerkschaft muß der Betriebsrat eine Betriebsversammlung einberufen, wenn im vorhergegangenen Kalenderjahr keine Betriebs- und keine Abteilungsversammlung durchgeführt worden ist (§ 43 Abs. 4).

101 • Recht, bei Verstößen des Arbeitgebers gegen die Betriebsverfassung Zwangsmaßnahmen gegen den Arbeitgeber zu beantragen.[50]

102 • Teilnahmerecht an Betriebsratssitzungen: Wenn ein Viertel der Mitglieder des Betriebsrats oder die Mehrheit einer Gruppe des Betriebsrats dies beantragt, kann ein Bcauftragter einer im Betriebsrat vertretenen Gewerkschaft an den Sitzungen beratend teilnehmen (§ 31).

---

48 Zur Wahl des Betriebsrats vgl. auch Randnr. 485 f; zur Rolle der Gewerkschaften Randnr. 493.

49 Zur Betriebsversammlung allgem. vgl. Randnr. 504 f. und dort zur Rolle der Gewerkschaften Randnr. 506.

50 Vgl. Randnr. 66.

- Teilnahmerecht an Ausschußsitzungen: Unter den Voraussetzungen des § 31 kann ein Beauftragter der Gewerkschaft auch an Sitzungen des Betriebsausschusses oder sonstiger Ausschüsse des Betriebsrats beratend teilnehmen.
- Beratung von Betriebsratsmitgliedern: Vertreter der Gewerkschaften haben das Recht zum Betreten des Betriebs, wenn ein bei der Gewerkschaft organisiertes Mitglied des Betriebsrats den Wunsch nach Beratung hat und der Beratungsgegenstand zum Aufgabenbereich des Betriebsrats gehört.
- Antragsrechte bei Verstößen des Betriebsrats gegen die Be- **103**
triebsverfassung: Eine im Betrieb vertretene Gewerkschaft kann beim Arbeitsgericht den Ausschluß eines Mitgliedes des Betriebsrats oder die Auflösung des Betriebsrats wegen grober Verletzung seiner gesetzlichen Pflichten beantragen (§ 23 Abs. 1).[51]

Werbung und Informationstätigkeiten der Gewerkschaften im Betrieb

Es ist den im Betrieb vertretenen Gewerkschaften grundsätz- **104**
lich erlaubt, Informations- und Werbematerial zu verteilen. Dabei müssen sie folgendes beachten:[52]

- Die Verteilung darf nur außerhalb der Arbeitszeit (vor Beginn und nach Ende der Arbeitszeit sowie während der Pausen) durch Betriebsangehörige (also nicht durch Betriebsfremde) erfolgen.
- Rechte anderer dürfen nicht verletzt und allgemeine Gesetze müssen beachtet werden.
- Arbeitgeber und Arbeitgeberverbände dürfen nicht unsachlich angegriffen werden.
- Der Betriebsfrieden darf hierdurch nicht gestört werden.
- Parteipolitische Agitation ist nicht gestattet.

Nicht im Gesetz geregelt sind die Aufgaben der gewerk- **105**
schaftlichen Vertrauensleute. Es handelt sich hierbei um eine

---

51 Vgl. Randnr. 67.

52 S. dazu grundlegend BVerfG vom 14.11.1995, BB 1996 S. 590; BAG vom 19.1.1982, BB 1982 S. 367.

innergewerkschaftliche Einrichtung, die es in einigen Industriezweigen gibt. Die gewerkschaftlichen Vertrauensleute haben keine Rechte und Pflichten nach dem BetrVG.

Hinweis:

106 Arbeitgeberverbände haben im Rahmen der Betriebsverfassung keine eigenständigen Rechte. Der Arbeitgeber hat aber das Recht, beim Besuch der Betriebsversammlung einen Beauftragten des Arbeitgeberverbandes hinzuzuziehen (§ 46 Abs. 1). Im übrigen liegt es im Belieben des Arbeitgebers, in welcher Form und in welchem Umfang er sich von seinem Arbeitgeberverband beraten und unterstützen läßt. Das BetrVG setzt da keine Grenzen, außer jenen, die durch die Grundsätze der Zusammenarbeit mit dem Betriebsrat gegeben sind.

Beispiel:

107 Der Betriebsrat hat nicht das Recht, zu Besprechungen mit dem Arbeitgeber Beauftragte der Gewerkschaft hinzuzuziehen. Ebensowenig hat der Betriebsrat das Recht, in gemeinsame Arbeitsausschüsse oder Verhandlungskommissionen (z. B. beim Aushandeln von Betriebsvereinbarungen) Gewerkschaftsvertreter zu delegieren. Der Arbeitgeber unterliegt in bezug auf Beauftragte der Arbeitgeberverbände solchen Beschränkungen grundsätzlich nicht. Das Gebot der vertrauensvollen Zusammenarbeit wird aber in Anwendung auf diese Fälle so auszulegen sein, daß der Arbeitgeber sich hier Zurückhaltung auferlegen sollte.

II. Die Mitwirkung des Betriebsrats in personellen Angelegenheiten

1. Personalplanung

Der Arbeitgeber ist verpflichtet, den Betriebsrat über die Personalplanung umfassend zu unterrichten und mit ihm über die sich daraus ergebenden Maßnahmen zu beraten (§ 92 Abs. 1). Das Gesetz erläutert nicht, was unter Personalplanung zu verstehen ist. Personalplanung ist einmal die Ermittlung des zukünftigen Personalbedarfs (Personalbedarfsplanung). Dann gehören dazu die Maßnahmen zur Anwerbung der benötigten Mitarbeiter (Personalbeschaffungsplanung). Hinzu kommt in Verbindung mit Maßnahmen der beruflichen Bildung die Planung der Personalentwicklung und schließlich die Planung des Personaleinsatzes. **108**

Eine alle diese Aktivitäten enthaltende und methodisch durchgeführte Personalplanung gibt es nicht in allen Betrieben. Der Arbeitgeber ist nicht verpflichtet, Personalplanung zu betreiben, nur um den Betriebsrat entsprechend unterrichten zu können. Andererseits liegt eine Personalplanung nicht nur dann vor, wenn systematisch Erhebungen, Überlegungen und Analysen angestellt und dazu Unterlagen angefertigt werden. Ergibt sich im Betrieb ein besonderer Personalbedarf über den Ausgleich der üblichen Fluktuation hinaus, so wird man davon ausgehen können, daß eine Personalplanung vorhanden ist. Über diese ist der Betriebsrat dann zu unterrichten. Jedenfalls kann der Arbeitgeber den Betriebsrat nicht darauf verweisen, daß Personalplanung prinzipiell nicht stattfindet und alle personellen Entscheidungen aus der Situation heraus spontan getroffen werden. **109**

Der Betriebsrat wirkt bei der Durchführung der geplanten (oder ungeplanten) Maßnahmen mit, da seine Zustimmung zu Einstellungen und Versetzungen einzuholen[1] (§ 99) und er **110**

---

1 S. auch Randnr. 159 f. zur Einstellung.

bei Kündigungen anzuhören ist[2] (§ 102). Die Einbeziehung in die Personalplanung hat den Sinn, ihn im „Vorfeld" dieser auszuführenden Entscheidungen auf einen besonderen Personalbedarf oder einen Personalabbau vorzubereiten. Außerdem erhält er dadurch die Möglichkeit, sein Beratungsrecht auszuüben.

Beispiel:

Der Arbeitgeber will gem. § 99 die Zustimmung des Betriebsrats zur Einstellung von 20 Arbeitnehmern einholen. Bei dieser Gelegenheit erfährt der Betriebsrat erstmals, daß eine neue Abteilung eingerichtet werden soll. Dies geschieht mit Sicherheit nicht ungeplant. Hier ist versäumt worden, den Betriebsrat gemäß § 92 zu informieren.

111 Der Betriebsrat ist anhand von Unterlagen zu informieren. Der Arbeitgeber ist aber nicht gehalten, speziell für Planungszwecke Unterlagen anzufertigen, wenn er ohne sie auskommt. Benutzt der Arbeitgeber im Betrieb vorhandene Unterlagen wie Überstundenzettel und Urlaubspläne als Erkenntnisquelle, so sind diese Unterlagen dem Betriebsrat zugänglich zu machen.

Der Arbeitgeber hat ferner über Art und Umfang der erforderlichen Maßnahmen und über die Vermeidung von Härten mit dem Betriebsrat zu beraten (§ 92 Abs. 1 Satz 2). Der Beratungsgegenstand deckt die zwei wichtigsten Fälle ab, die sich als Konsequenz aus der Personalplanung ergeben können.

112 *1. Fall:* Der Arbeitgeber will den Personalbestand aufstocken, d. h. zusätzliche Planstellen schaffen. Im Zusammenhang damit sind Maßnahmen zu treffen, die sich auf die Gestaltung von Arbeitsplätzen und Sozialeinrichtungen beziehen. Diese Maßnahmen hat er mit dem Betriebsrat zu beraten (ggf. auch nach § 90).

113 *2. Fall:* Der Arbeitgeber ist gezwungen, Personal abzubauen, d. h. die Planstellen zu reduzieren. Hiervon soll der Betriebsrat nicht erst erfahren, wenn er zu den einzelnen Kündigungen gemäß § 102 angehört wird. Im Vorfeld dieser Anhörung soll er die Möglichkeit haben, seine Vorstellungen über die Vermeidung von Härten bereits im Rahmen der Personalplanung vor-

---

2 S. auch Randnr. 224 f. zur Kündigung.

zutragen. Der Arbeitgeber ist nicht verpflichtet, die Vorstellungen des Betriebsrats zu berücksichtigen. Aber auch hier gilt, daß mit dem ernsten Willen zur Einigung zu verhandeln ist.

Hinweis zum 2. Fall: Beim Personalabbau kann sich die Beratungspflicht auch gemäß § 111 ergeben. Das setzt jedoch „Betriebsänderungen" voraus.[3]

Soweit keine Personalplanung vorhanden ist, kann der Be- **114**
triebsrat Vorschläge zur Einführung und Durchführung einer Personalplanung machen (§ 92 Abs. 2). Dazu gehören auch Maßnahmen zur Förderung der Gleichberechtigung von Frauen und Männern gem. § 80 Abs. 1 Ziff. 2 a.[4] Der Arbeitgeber ist verpflichtet, sich mit diesen Vorschlägen ernsthaft zu befassen. Er muß ihnen aber nicht Folge leisten.

Der Betriebsrat kann auch nicht die Anfertigung von Unterla- **115**
gen für die Personalplanung verlangen, z. B. von Organisationsplänen, Stellenbesetzungsplänen oder Stellenbeschreibungen. Sein Beratungsrecht erstreckt sich auch nicht auf die unternehmerischen Entscheidungen, die im Ablauf der Unternehmensplanung den personellen vorausgehen, also auf die wirtschaftlichen Entscheidungen.

Hinweis: Von seiten des Betriebsrats wird gelegentlich der Anspruch formuliert, daß er denselben Informationsstand haben müsse wie der Arbeitgeber, um in einer Angelegenheit mit ihm beraten zu können. Dies ist insoweit richtig, als der Beratungsgegenstand im Aufgabenbereich des Betriebsrats liegt. Im Falle der Personalplanung hat der Betriebsrat also den Anspruch, alle Informationen zu diesem Abschnitt unternehmerischer Planung zu erhalten. Er hat keinen Anspruch auf die Informationen, die im Vorfeld der Personalplanung zu den konkreten planerischen Überlegungen geführt haben. Es ist nicht seine Aufgabe, die Personalplanung von den vorangehenden unternehmerischen Entscheidungen her zu beurteilen. Sein Beratungsrecht ist nach vorn („... die daraus sich ergebenden Maßnahmen ...") und nicht nach rückwärts gerichtet.

---

3 Vgl. Randnr. 447 f.
4 Vgl. auch Randnr. 41.

2. Ausschreibung von Arbeitsplätzen

116 Der Betriebsrat kann verlangen, daß Arbeitsplätze, die besetzt werden sollen, allgemein oder für bestimmte Arten von Tätigkeiten innerhalb des Betriebs ausgeschrieben werden (§ 93). Die Ausschreibung soll den innerbetrieblichen Stellenmarkt aktivieren und den Mitarbeitern im Betrieb die Chance geben, sich um einen anderen, höherwertigen oder ihren Neigungen mehr entsprechenden Arbeitsplatz zu bewerben. Der Betriebsrat kann verlangen, daß alle Arbeitsplätze oder die Arbeitsplätze bestimmter Gruppen von Mitarbeitern ausgeschrieben werden. Er kann nicht die Ausschreibung nur für einen konkreten Einzelfall verlangen.

117 Arbeitgeber und Betriebsrat können generell und auch für einen konkreten Einzelfall Ausnahmen von der Ausschreibungspflicht vereinbaren.

Beispiel für allgemeine Ausnahmen:

Ungelernte Hilfskräfte, wie Boten, Kantinenpersonal, Arbeitskräfte für die Gebäudereinigung, werden ausgenommen, da sich bisher noch nie innerbetrieblich ein Interessent gemeldet hat.

Beispiel für konkrete Ausnahme:

Es wird ein EDV-Spezialist gesucht, und für den überschaubaren, mittelgroßen Betrieb steht fest, daß ein solcher Mitarbeiter nicht vorhanden ist.

Die Stellen leitender Angestellter brauchen nicht ausgeschrieben zu werden.

Ausschreibungsbereich ist der Betrieb. Besteht ein Gesamtbetriebsrat, so kann dieser für Stellen, die in mehreren Betrieben des Unternehmens vorkommen, eine unternehmensweite Ausschreibung verlangen.

Auszuschreiben sind alle Arbeitsplätze, die besetzt werden sollen. Das sind neue Planstellen und durch Ausscheiden, Versetzung und sonstige Gründe frei werdende Arbeitsplätze.

118 Der Inhalt der Ausschreibung ist nicht generell geregelt. Es genügt die eindeutige Bezeichnung des zu besetzenden Arbeitsplatzes. Eine Beschreibung des Arbeitsplatzes ist nicht erforderlich.

Der Betriebsrat hat bei der Art und Weise der Ausschreibung ein Mitbestimmungsrecht.[5]

Der Arbeitgeber verpflichtet sich durch die Ausschreibung nicht, den Arbeitsplatz vorrangig mit Mitarbeitern zu besetzen, die sich auf die Ausschreibung hin beworben haben. Es besteht auch kein Vorrang für Bewerber aus dem Betrieb vor externen Bewerbern. Der Arbeitgeber ist auch nicht gehindert, den Arbeitsplatz gleichzeitig oder sogar vorher extern auszuschreiben. Unterblieb eine nach § 93 erforderliche Ausschreibung, so kann der Betriebsrat einer Einstellung gemäß § 99 Abs. 2 Ziff. 5 die Zustimmung verweigern.[6] Der Arbeitgeber muß dann die Ausschreibung nachholen. **119**

Betriebsräte beklagen gelegentlich, daß die Ausschreibung für den Arbeitgeber nur eine Formsache sei, dann nämlich, wenn er vorher schon entschlossen sei, einen ganz bestimmten Bewerber für diese Stelle vorzusehen. In einem vom BAG entschiedenen Fall[7] hatte der Betriebsrat deshalb einer Versetzung nach § 99 Abs. 2 Ziff. 5 widersprochen. Zwar sei eine Ausschreibung formal vorgenommen worden. Der Zweck der Ausschreibung sei aber dadurch verletzt, daß der Arbeitgeber schon vorher entschlossen gewesen sei, einen ganz bestimmten Bewerber für diese Stelle vorzusehen. Das Bundesarbeitsgericht hat in diesem Falle entschieden, daß der Betriebsrat seine Zustimmung zu Unrecht verweigert hat. Der Arbeitgeber sei trotz Ausschreibung nicht gehindert, den Bewerber zu berücksichtigen, den er schon vor der Ausschreibung für diese Stelle vorgesehen habe. Der Arbeitgeber allein entscheide über die persönliche und fachliche Eignung eines Bewerbers für eine bestimmte Stelle. Deshalb lege er auch allein fest, welche Anforderungen ein Bewerber erfüllen muß. **120**

Eine Stelle ist innerbetrieblich nicht korrekt ausgeschrieben, wenn in der Stellenanzeige in der Tagespresse für denselben Arbeitsplatz geringere Anforderungen an die Bewerber ge- **121**

---

5 Dies kann z. B. durch eine Regelungsabrede näher ausgeformt werden, vgl. Randnr. 392.

6 Vgl. dazu Randnr. 183.

7 BAG vom 7.11.1977, BB 1978 S. 1166.

stellt werden. Der Betriebsrat kann dann die Zustimmung zur Einstellung eines externen Bewerbers verweigern.[8]

3. Personalfragebogen und Beurteilungsgrundsätze

122 Personalarbeit ist ohne Daten über Mitarbeiter und Stellenbewerber nicht möglich. Das fängt bei den Daten an, die für die Lohn- und Gehaltsabrechnung auch aus steuerlichen und sozialversicherungsrechtlichen Gründen erforderlich sind, und setzt sich fort über notwendige Daten für die Feststellung der Eignung, den Personaleinsatz und die Personalplanung. Der Arbeitgeber ist grundsätzlich ohne Mitwirkung des Betriebsrats befugt, sich diese notwendigen Daten zu beschaffen. Er kann z.B. Mitarbeiter und Stellenbewerber individuell befragen und die ihm gegebenen Informationen in geeigneter Form festhalten.

Benutzt der Arbeitgeber aber zu diesem Zweck einen Personalfragebogen oder Formulararbeitsverträge oder stellt er allgemeine Beurteilungsgrundsätze auf, so hat der Betriebsrat nach Maßgabe des § 94 ein Mitbestimmungsrecht.

Personalfragebogen und Formulararbeitsverträge

123 Der Personalfragebogen ist ein Formular, in dem Fragen über die persönlichen Verhältnisse, Kenntnisse und Fähigkeiten eines Mitarbeiters zusammengefaßt sind. Es muß sich um Fragen handeln, die der Arbeitgeber stellt. Bei einem Formular, durch das nur die aus steuerlichen und sozialversicherungsrechtlichen Gründen erforderlichen Daten zusammengestellt werden sollen, handelt es sich nicht um einen mitbestimmungspflichtigen Personalfragebogen. Durch ein solches Formular kommt der Arbeitgeber nur seiner Pflicht nach, rechtlichen Vorschriften zu genügen.

124 Ein mitbestimmungspflichtiger Personalfragebogen liegt auch nicht vor, wenn der Werksarzt eine Einstellungsuntersuchung vornimmt und formularmäßig Fragen stellt, um den Gesundheitszustand medizinisch beurteilen zu können. Diese Anga-

---

8 BAG vom 23.2.1988, BB 1988 S. 1327 (Ls.) = DB 1988 S. 1452.

ben unterliegen der ärztlichen Schweigepflicht und werden nicht an den Arbeitgeber weitergegeben.

Im übrigen hat der Betriebsrat bei der Aufstellung von Personalfragebogen ein Mitbestimmungsrecht. Der Arbeitgeber muß seine Zustimmung einholen. Zweck der Vorschrift ist die Kontrolle über die Art und Weise, wie der Arbeitgeber seine Informationsrechte ausübt. Er hat Fragen zu vermeiden, die das Persönlichkeitsrecht oder die Intimsphäre der Mitarbeiter verletzen könnten. **125**

Der Betriebsrat hat aber kein Initiativrecht, d.h., er kann nicht verlangen, daß Daten über Mitarbeiter mittels eines Personalfragebogens erhoben werden.[9] Der Betriebsrat hat auch nicht die Möglichkeit, einen bestimmten Inhalt des Personalfragebogens durchzusetzen. Er kann nur einen vom Arbeitgeber aufgestellten Fragebogen ganz oder teilweise verwerfen. Dann bleibt es dem Arbeitgeber überlassen, ob er auf den Personalfragebogen überhaupt oder auf die beanstandeten Fragen verzichtet oder einen neuen Entwurf vorlegt. **126**

Diese Regelung gilt entsprechend für persönliche Angaben in schriftlichen Arbeitsverträgen, die allgemein für den Betrieb verwendet werden sollen (Formulararbeitsverträge). Damit soll verhindert werden, daß die Mitbestimmung des Betriebsrats bei der Aufstellung von Personalfragebogen durch Verwendung von Formulararbeitsverträgen umgangen wird. Das Mitbestimmungsrecht des Betriebsrats besteht nur für persönliche Angaben des Arbeitnehmers in Formularverträgen. Der Betriebsrat hat kein Mitbestimmungsrecht bei der Gestaltung der Arbeitsverträge selbst, auch nicht bei Arbeitsbedingungen, die einheitlich für alle Arbeitnehmer oder für bestimmte Gruppen von Arbeitnehmern formularmäßig festgelegt werden. **127**

Die Aufstellung allgemeiner Beurteilungsgrundsätze

Als Teil einer zeitgemäßen Personalführung gehört es zu den wichtigsten Pflichten des Arbeitgebers und der von ihm beauftragten Vorgesetzten, Mitarbeiter zu beurteilen. Ohne Mitarbeiterbeurteilung kann über Bezahlung und Beförderung nicht sachgerecht entschieden werden. Die Leistungsbeurtei- **128**

9 LAG Düsseldorf vom 24.7.1984, BB 1985 S. 55.

lung, auf die der Mitarbeiter gemäß § 82 Abs. 2 einen Anspruch hat, wäre nicht möglich, und Zeugnisse könnten nicht formuliert werden.

Der Arbeitgeber kann unter Verzicht auf Beurteilungsgrundsätze von Fall zu Fall individuell beurteilen. Diese Tätigkeit ist mitbestimmungsfrei. Stellt er aber allgemeine Beurteilungsgrundsätze auf, die für eine unbestimmte Anzahl zukünftiger Beurteilungen aller Mitarbeiter oder bestimmter Gruppen von ihnen gelten sollen, so ist das mitbestimmungspflichtig. Zu den allgemeinen Beurteilungsgrundsätzen gehören sowohl die Festlegung der materiellen Beurteilungsmerkmale als auch das Verfahren der Beurteilung. Die Grundsätze müssen sich auf die Person des zu Beurteilenden beziehen. Grundsätze und Verfahren für analytische Arbeitsplatzbewertungen sind daher nicht mitbestimmungspflichtig.

129 Der Betriebsrat hat, wie beim Personalfragebogen, nur ein Zustimmungsrecht und kein Initiativrecht. Er kann also die Einführung von Beurteilungsgrundsätzen nicht erzwingen und auch keine bestimmte Gestaltung dieser Grundsätze durchsetzen.

130 Die Einführung von Grundsätzen der Mitarbeiterführung – Führungsrichtlinien – regelt per Weisungsrecht des Arbeitgebers für Führungskräfte, wie diese sich gegenüber ihren Mitarbeitern verhalten sollen und ist mitbestimmungsfrei.[10]

131 Können sich Arbeitgeber und Betriebsrat über den Inhalt von Personalfragebogen, Formulararbeitsverträgen und Beurteilungsgrundsätzen nicht einigen, so entscheidet die Einigungsstelle.

4. Richtlinien für die Auswahl bei Einstellungen, Versetzungen und Kündigungen

132 Richtlinien über die personelle Auswahl bei Einstellungen, Versetzungen, Umgruppierungen und Kündigungen bedürfen der Zustimmung des Betriebsrats (§ 95 Abs. 1 Satz 1).

10 BAG vom 23.10.1984, BB 1984 S. 2002.

Unter Richtlinien versteht man schriftlich festgelegte Grundsätze über das Verfahren und die Gesichtspunkte, nach denen sich die betriebliche Entscheidung bei einer Einstellung, Versetzung, Umgruppierung oder Kündigung richtet. Der Arbeitgeber ist auch nach allgemeinen arbeitsrechtlichen Grundsätzen gehalten, seine personellen Entscheidungen nicht willkürlich zu fällen, d.h., sich bei diesen Entscheidungen durch bestimmte Grundsätze selbst zu binden.

Grundsätze oder Richtlinien haben den Zweck, die personellen Entscheidungen zu objektivieren und sie dadurch nachvollziehbar und überprüfbar zu machen.

Solange der Arbeitgeber Auswahlrichtlinien nicht schriftlich **133**
niederlegt, wird die Frage kaum zu beantworten sein, ob in der betrieblichen Praxis Auswahlrichtlinien vorhanden sind und Anwendung finden. In den meisten Betrieben überläßt es der Arbeitgeber den Vorgesetzten, Auswahlentscheidungen nach pflichtgemäßem Ermessen unter fachlichen und persönlichen Gesichtspunkten zu treffen. Allenfalls greift er in Einzelfällen ein, wenn Mißbräuche festgestellt werden. Andererseits orientieren sich die Vorgesetzten an den ihnen durch Erfahrung bekannten ungeschriebenen Grundsätzen und Gepflogenheiten des Betriebs und Unternehmens. Dieser durch Tradition geprägte „Geist" eines Unternehmens, die grundsätzliche personalpolitische Einstellung zu den Mitarbeitern, ist mit den Auswahlrichtlinien des § 94 nicht gemeint.

Der Betriebsrat kann vom Arbeitgeber nicht verlangen, über **134**
diese ungeschriebenen Grundsätze mit ihm zu beraten. Ebensowenig hat der Betriebsrat das Recht, von einem Vorgesetzten Auskunft darüber zu verlangen, welche Grundsätze er bei der Auswahl von Mitarbeitern anwendet. Persönliche Maßstäbe für die Auswahlentscheidungen sind nicht mitbestimmungspflichtig.

In Betrieben unter 1000 Arbeitnehmern ist der Arbeitgeber **135**
auch frei in seiner Entscheidung, ob er derartige Grundsätze „aufstellen", d.h. in der Regel schriftlich niederlegen will.

Legt der Arbeitgeber aber diese Grundsätze schriftlich fest, um sich selbst und den von ihm beauftragten Vorgesetzten bei zukünftigen personellen Entscheidungen einen Entscheidungsrahmen zu geben, so bedarf dies der Zustimmung des Betriebsrats.

136 In Betrieben mit mehr als 1000 Arbeitnehmern – die leitenden Angestellten werden bei der Zahl 1000 nicht berücksichtigt – hat der Betriebsrat ein Initiativrecht. Er kann selbst den Abschluß einer bestimmten Auswahlrichtlinie vorschlagen. Der Arbeitgeber muß dann mit dem Betriebsrat über den Inhalt der Auswahlrichtlinie verhandeln. Kommt eine Einigung zustande, so gilt diese Auswahlrichtlinie wie eine Betriebsvereinbarung. Kommt keine Einigung zustande, so entscheidet die Einigungsstelle. Diese entscheidet auch, wenn der Betriebsrat in Betrieben unter 1000 Arbeitnehmern seine Zustimmung zu einer vom Arbeitgeber vorgeschlagenen Richtlinie verweigert. Hier hat aber der Betriebsrat kein Initiativrecht, d.h., der Arbeitgeber kann nach seinem Ermessen von der Aufstellung einer Richtlinie absehen. Arbeitsplatz- oder Stellenbeschreibungen sind keine Auswahlrichtlinien.

137 Die Mitbestimmung des Betriebsrats bei Auswahlrichtlinien, zumal sein Initiativrecht in größeren Betrieben, ist die weitestgehende Form der Mitbestimmung in personellen Angelegenheiten. Wird der Arbeitgeber über die Einigungsstelle dazu gebracht, sich auf Auswahlrichtlinien festzulegen, so wird sein Ermessensspielraum bei personellen Entscheidungen erheblich eingeengt. Der Betriebsrat kann jede personelle Einzelmaßnahme auf ihre Vereinbarkeit mit dieser Richtlinie überprüfen. Er kann seine Zustimmung zu einer personellen Maßnahme gemäß § 99 verweigern, wenn diese gegen eine Auswahlrichtlinie verstößt (§ 99 Abs. 2 Ziff. 2).[11]

138 In der betrieblichen Praxis haben sich Auswahlrichtlinien bei der Notwendigkeit von Massenentlassungen aus betriebsbedingten Gründen bewährt. Die Notwendigkeit, nach den Bestimmungen des Kündigungsschutzgesetzes eine soziale Auswahl zu treffen, kann in solchen Fällen nur anhand von allgemeinen Merkmalen mit Hilfe einer Auswahlrichtlinie gelingen.[12] Auswahlrichtlinien im übrigen sind in der betrieblichen Praxis selten. Mit ihnen sind unterschiedliche Erfahrungen gemacht worden. Einmal können sie die notwendigen personellen

---

11 S. Randnr. 177.

12 Zur Sozialauswahl s. Randnr. 250f.

Entscheidungen erschweren und komplizieren, zum anderen wird berichtet, daß sie auch zur Versachlichung der Zusammenarbeit zwischen Arbeitgeber und Betriebsrat beigetragen haben.

Auswahlrichtlinien sind Betriebsvereinbarungen.[13] Sie müs- 139
sen es sich gefallen lassen, an höherrangigem Recht gemessen zu werden. Der Kündigungsschutz eines einzelnen Arbeitnehmers kann durch Auswahlrichtlinien weder ausgeschlossen noch eingeschränkt werden. Eine Einschränkung liegt aber vor, wenn die Auswahlrichtlinie bei Kündigungen die soziale Auswahl nur von einem einzigen Kriterium, z.B. der Dauer der Betriebszugehörigkeit, abhängig macht. Damit verstößt sie gegen § 1 Abs. 3 Satz 1 Kündigungsschutzgesetz.[14]

5. Betriebliche Berufsbildung

Begriffserklärung und Abgrenzung

Der Betriebsrat hat ein unterschiedlich ausgestaltetes Mitwir- 140
kungsrecht bei verschiedenen Maßnahmen des Arbeitgebers im Rahmen der betrieblichen Berufsbildung. Unter Berufsbildung versteht man die Berufsausbildung, die berufliche Fortbildung und die berufliche Umschulung.

Nicht zur Berufsbildung gehören das Einweisen, Einarbeiten und Anlernen eines Arbeitnehmers. Diese Tätigkeiten des Arbeitgebers sind also mitbestimmungsfrei. Die Mitbestimmung des Betriebsrats bei der Durchführung von betrieblichen Bildungsmaßnahmen gilt entsprechend auch für „sonstige Bildungsmaßnahmen" (§ 98 Abs. 6). Dies sind Bildungsmaßnahmen wie Kurse zur Unfallverhütung, in Erster Hilfe oder REFA-Lehrgänge. Keine Bildungsmaßnahmen sind Veranstaltungen, die dem Vergnügen, der Körperertüchtigung oder der Festigung der Betriebsgemeinschaft dienen, z.B. Sport- und Spielveranstaltungen, Betriebsausflüge, Weihnachtsfeiern und Ehrung von Jubilaren.

---

13 Betriebsvereinbarung s. Randnr. 383 f.
14 BAG vom 11.3.1976, BB 1976 S. 883.

Die Förderung der Berufsbildung

141 Arbeitgeber und Betriebsrat haben im Rahmen der betrieblichen Personalplanung und in Zusammenarbeit mit den für die Berufsbildung und den für die Förderung der Berufsbildung zuständigen Stellen die Berufsbildung der Arbeitnehmer zu fördern (§ 96 Abs. 1 Satz 1). Diese Bestimmung ist ein Programmsatz, der den Arbeitgeber nicht zu konkreten Maßnahmen der beruflichen Bildung verpflichtet. Greift der Arbeitgeber aber dieses Thema auf und stehen konkrete Fragen der Berufsbildung an, so kann der Betriebsrat verlangen, daß diese konkreten Fragen mit ihm beraten werden. Er kann hierzu auch Vorschläge machen (§ 96 Abs. 1 Satz 2 und 3).

142 Das allgemeine Gebot der Förderung der Berufsbildung wird dann weiter dadurch konkretisiert, daß Arbeitgeber und Betriebsrat darauf zu achten haben, daß den Arbeitnehmern die Teilnahme an betrieblichen oder außerbetrieblichen Maßnahmen der Berufsbildung ermöglicht wird. Dabei ist auf die betrieblichen Notwendigkeiten Rücksicht zu nehmen. Die Belange älterer Arbeitnehmer sind dabei zu berücksichtigen (§ 96 Abs. 2). Auch aus diesen Bestimmungen ergibt sich nicht die Verpflichtung des Arbeitgebers, betriebliche Maßnahmen der Berufsbildung durchzuführen oder die Kosten für die Teilnahme an außerbetrieblichen Maßnahmen zu tragen.

Einrichtungen und Maßnahmen der Berufsbildung

143 Der Arbeitgeber hat mit dem Betriebsrat über die Einrichtung und Ausstattung betrieblicher Einrichtungen zur Berufsbildung, die Einführung betrieblicher Berufsbildungsmaßnahmen und die Teilnahme an außerbetrieblichen Berufsbildungsmaßnahmen zu beraten (§ 97). Es gibt nach dieser Vorschrift also drei mitwirkungspflichtige Sachverhalte. In allen drei Fällen hat der Arbeitgeber zunächst über seine konkreten Vorhaben umfassend und rechtzeitig zu informieren. Auf der Basis dieser Informationen hat er die geplanten Maßnahmen mit dem Betriebsrat zu beraten.

144 Bei der Errichtung und Ausstattung betrieblicher Einrichtungen zur Berufsbildung kann es sich z. B. um die Einrichtung oder Umgestaltung von Lehrwerkstätten und Unterrichtsräumen handeln. Bei der Einführung betrieblicher Berufsbil-

dungsmaßnahmen ist der Arbeitgeber – soweit es sich um die Berufsausbildung handelt – weitgehend an die Vorschriften des Berufsbildungsgesetzes[15] und die Ausbildungsordnungen gebunden. Hier hat der Arbeitgeber kaum Raum für eigene Gestaltung. Der Betriebsrat hat dann die Aufgabe, die Einhaltung und Durchführung dieser Vorschriften gemäß § 80 Abs. 1 Ziff. 1 zu überwachen.

Das Beratungsrecht ist deshalb wichtiger für betriebliche **145**
Maßnahmen der Berufsfortbildung oder der beruflichen Umschulung. Hier erstreckt es sich auf Zeitpunkt, Themenkreis und Umfang der betrieblichen Fortbildungsmaßnahmen. Der Betriebsrat kann dazu Vorschläge machen.

Bei der Errichtung und Ausstattung betrieblicher Einrichtun- **146**
gen wie auch der Einführung betrieblicher Berufsausbildungsmaßnahmen ist der Arbeitgeber frei in seiner Entscheidung. Der Betriebsrat hat kein Initiativrecht und kein Mitbestimmungsrecht. Dies gilt auch für die finanzielle Ausstattung betrieblicher Einrichtungen zur Berufsbildung.

Der Betriebsrat hat ein Beratungsrecht auch bei der Teil- **147**
nahme an außerbetrieblichen Berufsbildungsmaßnahmen. Der Arbeitgeber muß deshalb den Betriebsrat über diese außerbetrieblichen Fortbildungsmaßnahmen unterrichten und ihm mitteilen, für wen sie vorgesehen sind.

Durchführung betrieblicher Bildungsmaßnahmen

Der Betriebsrat hat ein Mitbestimmungsrecht bei der Durch- **148**
führung betrieblicher Maßnahmen zur Berufsbildung (§ 98 Abs. 1). Die Berufsausbildung ist durch Gesetz und entsprechende Ausbildungsordnungen geregelt. Soweit diese Regelungen reichen, hat der Arbeitgeber nicht zu bestimmen und der Betriebsrat daher nichts mitzubestimmen.

Die Hauptanwendungsfälle der Mitbestimmung ergeben sich aus § 98 Abs. 2 und 3. Darauf wird gleich eingegangen. Darüber hinaus ist ein Mitbestimmungsrecht nur gegeben, wenn der Arbeitgeber Regeln für die Durchführung der betrieblichen Berufsbildung aufstellen will.

---

15 BBiG vom 14. 8. 1969 (BGBl. I S. 1112).

Mitbestimmungsfrei sind Einzelmaßnahmen, z.B.

149 – Zuweisung einer bestimmten Arbeit an einen Auszubildenden,
– Lehrinhalte bei Fortbildungsseminaren,
– Auswahl von externen Referenten (nicht Ausbildern, s. § 98 Abs. 2).

Vorschläge für die Teilnahme an Bildungsmaßnahmen

150 Der Betriebsrat hat ein Vorschlagsrecht für die Teilnahme von Arbeitnehmern oder Gruppen von Arbeitnehmern des Betriebs an den Maßnahmen der beruflichen Bildung (§ 98 Abs. 3). Dieses Vorschlagsrecht bezieht sich einmal auf betriebliche Maßnahmen der Berufsbildung. Es bezieht sich aber auch auf außerbetriebliche Maßnahmen der Berufsbildung, und zwar dann, wenn der Arbeitgeber dafür Arbeitnehmer freistellt oder die Kosten solcher außerbetrieblichen Maßnahmen trägt. Damit der Betriebsrat sein Vorschlagsrecht ausüben kann, ist er über die betrieblichen und außerbetrieblichen Bildungsmaßnahmen zu informieren. Dazu gehören auch die Angabe der Zielgruppe und die Nennung der Zahl der Arbeitnehmer, die teilnehmen sollen. Der Betriebsrat kann dann Vorschläge für die Teilnahme machen. Der Arbeitgeber kann dieses Vorschlagsrecht nicht dadurch blockieren, daß er jeweils mitteilt, die Kapazität der Kurse oder Seminare sei ausgeschöpft. Er muß mit dem Betriebsrat über den Teilnehmerkreis beraten, wenn er die Vorschläge des Betriebsrats nicht akzeptieren will. Kommt eine Einigung nicht zustande, entscheidet die Einigungsstelle (§ 98 Abs. 4).

Bestellung und Abberufung von Ausbildern[16]

151 Ausbilder müssen persönlich und fachlich, und zwar auch berufs- und arbeitspädagogisch für ihre Aufgabe geeignet sein. Für die in der Berufsausbildung Tätigen werden die Eignungsvoraussetzungen im Berufsbildungsgesetz und in den dazu ergangenen Rechtsverordnungen[17] beschrieben. Die all-

16 Das Gesetz spricht von Personen, die mit der Durchführung der betrieblichen Berufsbildung beauftragt sind (§ 98 Abs. 2)

17 Ausbilder-Eignungsverordnung vom 20.4.1972 (BGBl. I S. 707)

gemeine Überwachungspflicht des Betriebsrats gemäß § 80 Abs. 1 Ziff. 1 steigert sich hier zu einem besonderen Mitbestimmungsrecht. Der Betriebsrat kann der Bestellung von Ausbildern widersprechen oder ihre Abberufung verlangen, wenn die Eignungsvoraussetzungen nicht gegeben sind oder diese Personen ihre Aufgaben vernachlässigen (§ 98 Abs. 2).

Bestellung und Abberufung sind nicht zu verwechseln mit Einstellung und Kündigung. Der Arbeitgeber bestellt jemanden zum Ausbilder, wenn er einen im Betrieb schon tätigen Arbeitnehmer, in der Regel eine Fach- und Führungskraft, mit der Ausbildung beauftragt.

Will der Arbeitgeber einen Leiter der Ausbildungsabteilung **152**
oder des betrieblichen Bildungswesens einstellen, so kann der Betriebsrat aus den genannten Gründen der Einstellung widersprechen. „Bestellung" und Einstellung fallen hier zusammen. Bei den mit der betrieblichen Fortbildung beauftragten Personen hat der Betriebsrat die gleichen Rechte, wenn diese Personen ausschließlich oder ganz überwiegend auf diesem Gebiet tätig sind. Der Betriebsrat kann also nicht die Abberufung eines Personalleiters verlangen, der auch für die betriebliche Fortbildung zuständig ist.

Anders als bei der Berufsausbildung gibt es für die mit der Fortbildung beauftragten Personen keine gesetzlich festgelegten Eignungsmerkmale.

Kommt es über Bestellung oder Abberufung zu keiner Einigung zwischen Betriebsrat und Arbeitgeber, so entscheidet das Arbeitsgericht (§ 98 Abs. 5).

Mitwirkung des Betriebsrats bei der Einführung und Durchführung eines Fortbildungsprogramms für den Führungskräftenachwuchs

Ein Unternehmen will den Nachwuchs für Führungskräfte **153**
durch ein systematisches Fortbildungsprogramm sicherstellen. Zu diesem Zweck sollen Mitarbeiter des Unternehmens zwei Jahre lang ein Fortbildungsprogramm durchlaufen, das betriebliche und externe Fortbildungsstationen enthält. Soweit geeignete Mitarbeiter nicht zur Verfügung stehen, sollen Einstellungen von „Trainees" vorgenommen werden.

Wie vollzieht sich die Mitwirkung des Betriebsrats bei den einzelnen Maßnahmen dieses Programms?

– Das Programm selbst ist vor Einführung mit dem Betriebsrat zu beraten (§ 97). Beratungspflichtig ist also die Planung des Bildungsvorhabens, hier der allgemeine Rahmen für das Traineeprogramm: Die Festlegung der Dauer, die Fortbildungsabschnitte (Trainee-Stationen), der zeitliche Ablauf, die Fortbildungsziele.

154 – Bei der Durchführung des Programms hat der Betriebsrat ein Mitbestimmungsrecht (§ 98 Abs. 1). Dieses wird wirksam, wenn der Arbeitgeber für die Durchführung Richtlinien aufstellen will. Solche Richtlinien könnten losgelöst vom Einzelfall regeln, wer in den einzelnen Stationen für die Fortbildung verantwortlich ist, ob die Trainees Berichtshefte zu führen haben und wie diese aussehen sollen, ob und wie Zwischenbeurteilungen zu erfolgen haben, ob, wie oft und wie lange Trainees zu Mehrarbeit herangezogen werden können.

155 – Kein Mitbestimmungsrecht ist gegeben bei der Durchführungsmaßnahme, die sich nur auf einen Teilnehmer am Fortbildungsprogramm bezieht. Mitbestimmungsfreie Maßnahmen sind die Zuweisung von Arbeit, die Anweisung, sich mit einer bestimmten Materie zu befassen, die freie Beurteilung, und der Entschluß, den einzelnen Fortbildungsabschnitt individuell zu verlängern oder zu verkürzen.

156 Der Arbeitsplatzwechsel im Rahmen des vertraglich vereinbarten Trainee-Programms, also der Wechsel der Fortbildungsstationen, ist keine Versetzung gemäß § 95 Abs. 3 und daher nicht mitbestimmungspflichtig. Es liegt der Ausnahmefall gemäß § 95 Abs. 3 letzter Satz vor: Die Eigenart des Arbeitsverhältnisses (hier: Trainee-Programm) bedingt den Arbeitsplatzwechsel.

157 *Hinweis:* Bei dieser Darstellung wird vorausgesetzt, daß das Fortbildungsprogramm als solches als betriebliche Bildungsmaßnahme anzusehen ist. Besteht die Förderung der Führungskräfte nur in der Gelegenheit zu praktischer Arbeit an verschiedenen Arbeitsplätzen („job rotation"), so sind Mitwirkungsrechte des Betriebsrats gem. §§ 97, 98 nicht gegeben.

Die Ausbildung von Redakteuren in Zeitungs- und Zeitschriftenverlagen, das sog. Volontariat, ist nicht mit dem Betriebsrat zu beraten und nicht mitbestimmungspflichtig. Dies ist einmal eine Folge des Tendenzschutzes für Verlage[18] (§ 118 Abs. 1 Ziff. 2). Zum anderen sind Inhalte und Verfahren des Volontariats durch Tarifverträge geregelt.[19] 158

6. Einstellung und Eingruppierung

Einstellung und Eingruppierung gehören zusammen mit Umgruppierung und Versetzung zu den personellen Einzelmaßnahmen, bei denen der Betriebsrat nach Maßgabe von § 99 ein Mitbestimmungsrecht hat. Er ist über diese Maßnahme zu unterrichten, und seine Zustimmung ist einzuholen. Der Betriebsrat kann seine Zustimmung aber nur aus bestimmten, im Gesetz genannten Gründen verweigern. Behandelt werden zunächst die Einstellung und die Eingruppierung. 159

Einstellung ist der Abschluß eines Arbeitsvertrages oder – falls ein solcher fehlt oder unwirksam ist – die tatsächliche Eingliederung des Arbeitnehmers in den Betrieb. 160

Bei den folgenden Vorgängen handelt es sich um keine Einstellung:

- Ein zunächst befristetes Arbeitsverhältnis wird verlängert oder in ein unbefristetes umgewandelt.
- Eine ausgesprochene Kündigung wird mit Zustimmung des Gekündigten zurückgezogen.
- Ein ruhendes Arbeitsverhältnis lebt wieder auf (z. B. Rückkehr des Arbeitnehmers aus dem Wehrdienst).
- Ein Ausbildungsverhältnis wird in ein Arbeitsverhältnis übergeleitet.

Es liegt keine Einstellung vor, wenn ein fremdes Unternehmen mit seinen Arbeitnehmern im Betrieb Arbeiten durchführen läßt.

---

18 Vgl. zum Begriff „Tendenzbetriebe“ Randnr. 4.

19 Z. B. „Tarifvertrag über das Redaktionsvolontariat an Zeitschriften“ vom 1. 10. 1990.

Eingruppierung ist die erstmalige Einstufung in eine tarifliche oder betriebliche Lohn- oder Gehaltsgruppe.

6.1 Die Unterrichtungspflicht bei Einstellungen

161 Bei Einstellungen hat der Arbeitgeber den Betriebsrat über die Person des Bewerbers und den in Aussicht genommenen Arbeitsplatz zu unterrichten. Dabei sind die erforderlichen Bewerbungsunterlagen vorzulegen. In der betrieblichen Praxis geschieht dies meist durch Zusendung eines Formulars mit den wichtigsten Daten über den in Aussicht genommenen Bewerber. Zeugnisse und Prüfungsurkunden werden beigefügt oder können in der Personalabteilung eingesehen werden.

162 Nach der Rechtsprechung des Bundesarbeitsgerichts müssen dem Betriebsrat auf Verlangen die Bewerbungsunterlagen aller Bewerber vorgelegt werden.[20]

Dies wird mit den in § 75 Abs. 1 niedergelegten Grundsätzen für die Behandlung der Betriebsangehörigen begründet. Sie sollen nach dem BAG im Rahmen der Einstellungspraxis auch für die zukünftigen Betriebsangehörigen gelten. Durch die Vorlage aller Bewerbungsunterlagen soll der Betriebsrat prüfen können, ob der Arbeitgeber gegen in § 75 Abs. 1 festgelegte Grundsätze verstößt oder seine Einstellungspraxis willkürlich ist.[21]

Beispiel:

Wenn ein Arbeitgeber prinzipiell nur Bewerber katholischen Glaubens oder nie Frauen oder nie Bewerber über 35 Jahre einstellen würde und dies ohne Rücksicht auf persönliche oder fachliche Eignung anderer Bewerber, so wäre eine solche Einstellungspraxis willkürlich und verstieße gegen § 75 Abs. 1.

Die Bewerbungsunterlagen sind dem Betriebsrat bis zur Beschlußfassung, längstens für eine Woche, zu überlassen.[22]

163 Umstritten ist die Frage, ob der Betriebsrat die vollständigen Unterlagen eines Bewerbers einsehen darf. Das Gesetz

---

20 BAG vom 6.4.1973, BB 1973 S. 940.

21 Zu diesen Grundsätzen vgl. Randnr. 33 f.

22 BAG vom 3.12.1985, BB 1986 S. 876.

spricht von „erforderlichen Bewerbungsunterlagen“. Erforderlich sind die Unterlagen und Informationen, die notwendig sind, damit der Betriebsrat sein Mitbestimmungsrecht ausüben kann. Das sind in der Regel die vollständigen Unterlagen, zumal der Betriebsrat über vertrauliche persönliche Angelegenheiten Stillschweigen zu bewahren hat.[23]

Bittet ein Bewerber um vertrauliche Behandlung eines Füh- **164**
rungszeugnisses oder einer Bescheinigung über seinen Gesundheitszustand gegenüber dem Betriebsrat, so darf der Arbeitgeber der Bitte nachkommen. Legt der Arbeitgeber dem Betriebsrat diese Unterlagen nicht vor, so wird er pflichtgemäß zu prüfen haben, ob der Betriebsrat gerade diese Informationen benötigt, um die Zustimmungsverweigerungsgründe überprüfen zu können.

Liegen von Bewerbern Unterlagen nicht vor, weil diese sich **165**
nur mündlich beworben haben, so müssen Bewerbungsunterlagen nicht nur zu dem Zweck hergestellt werden, daß der Betriebsrat Einblick nehmen kann. Wird ein solcher Bewerber aber für die Einstellung vorgesehen, so muß der Arbeitgeber die notwendigen Angaben zusammenstellen, um dem Betriebsrat Auskunft über die Person geben zu können. Der Betriebsrat kann weitere Auskünfte verlangen, wenn sie für das Arbeitsverhältnis von Bedeutung sind. Er kann aber nicht verlangen, daß der Arbeitgeber Erkundigungen einzieht, die der Arbeitgeber selbst für nicht notwendig hält. Der Betriebsrat ist nicht berechtigt, vom Bewerber direkt Auskünfte zu verlangen.

Der Arbeitgeber braucht nicht über Bewerber zu informieren, **166**
die nur wegen der Besetzung dieser Stelle angefragt oder später ihre Bewerbung zurückgezogen haben. In diesen Fällen lag im Zeitpunkt der Unterrichtung des Betriebsrats eine Bewerbung nicht vor.

Der Betriebsrat ist auch über den Einstellungstermin zu infor- **167**
mieren. Wird der Einstellungstermin vorverlegt, ist eine nochmalige Anhörung des Betriebsrats nicht erforderlich, wenn sich dadurch keine neuen Umstände ergeben haben, die dem Betriebsrat nach § 99 mitzuteilen sind.

---

23 Dabei gelten Grundsätze der Geheimhaltungspflicht gem. § 79, vgl. Randnr. 60.

168 Beauftragt der Arbeitgeber ein Personalberatungsunternehmen mit der Suche nach geeigneten Bewerbern, so beschränkt sich die Unterrichtungspflicht auf die Bewerber, die das Personalberatungsunternehmen benannt und für die es Unterlagen zur Verfügung gestellt hat.[24]

6.2 Die Zustimmung des Betriebsrats

169 Der Arbeitgeber hat die Zustimmung des Betriebsrats zur Einstellung (oder Eingruppierung) einzuholen. Diese Formulierung kann den Eindruck entstehen lassen, daß sich Arbeitgeber und Betriebsrat über die Einstellung einigen müssen, der Betriebsrat also positiv im Einzelfall mitbestimmt, wer eingestellt wird. Das ist nicht der Fall. Die Auswahl der Bewerber und die Überprüfung ihrer Eignung ist alleinige Sache des Arbeitgebers.

170 In der betrieblichen Praxis kommt es gelegentlich vor, daß der Betriebsrat den Anspruch erhebt, bei der Auswahl beteiligt zu sein, sei es nur durch Anwesenheit bei Vorstellungsgesprächen. Auch wird gelegentlich der Anspruch erhoben, die Bewerber mögen sich beim Betriebsrat vorstellen. Der Arbeitgeber braucht darauf nicht einzugehen.

171 Das Mitbestimmungsrecht des Betriebsrats ist nämlich als ein Zustimmungsverweigerungsrecht ausgestaltet, wobei die Fälle möglicher Zustimmungsverweigerung vom Gesetz vorgeschrieben sind (§ 99 Abs. 2 Ziff. 1–6). Es liegt also nicht im freien Ermessen des Betriebsrats, ob er einer Einstellung zustimmen will oder nicht. Er hat sich vielmehr an die gesetzlich vorgegebenen Ablehnungsgründe zu halten. Insofern übt der Betriebsrat bei Einstellungen (und Eingruppierungen) eine Rechtmäßigkeitskontrolle aus. Es ist nicht seine Aufgabe, die Entscheidung des Arbeitgebers auf sachliche Richtigkeit hin zu prüfen. Es findet also keine Kontrolle des Entscheidungsspielraums des Arbeitgebers statt.

172 Der Betriebsrat hat eine Woche Zeit, seine Entscheidung zu treffen. Will er die Zustimmung verweigern, so muß er dies innerhalb der Wochenfrist und schriftlich tun.

---

24 BAG vom 18.12.1990, BB 1991 S. 761.

Der Betriebsrat hat also drei Möglichkeiten: 173

- Er kann zustimmen,
- er kann die Zustimmungsverweigerungsfrist verstreichen lassen (in diesem Fall gilt seine Zustimmung als erteilt), oder
- er kann die Zustimmung verweigern.

Die Verweigerung der Zustimmung ist nur formal gültig, wenn sie

- schriftlich und
- unter Angabe der Gründe für die Verweigerung erfolgt und
- dem Arbeitgeber innerhalb der Wochenfrist zugeht.

6.3 Die einzelnen Zustimmungsverweigerungsgründe

Das Gesetz kennt sechs Gründe, aus denen der Betriebsrat seine Zustimmung zur „personellen Einzelmaßnahme" (hier Einstellung oder Eingruppierung) verweigern kann:

- § 99 Abs. 1 Ziff. 1: Die Einstellung verstößt gegen geltendes Recht oder eine gerichtliche Entscheidung oder eine behördliche Anordnung. 174

Beispiele:

Der Arbeitgeber will einen ausländischen Arbeitnehmer einstellen, der eine Arbeitserlaubnis benötigt, sie aber nicht hat. Der Arbeitgeber will einen Jugendlichen für einen Arbeitsplatz vorsehen, an dem der Jugendliche nach dem Jugendarbeitsschutzgesetz[25] nicht beschäftigt werden darf. Hier sind die Gesetze verletzt. Der Betriebsrat kann wirksam widersprechen.

Stellt der Arbeitgeber einen Arbeitnehmer ein, ohne den Betriebsrat zu unterrichten, so setzt er sich den Zwangsmaßnahmen von § 101 (Zwangsgeld) und/oder § 121 (Bußgeld) aus. 175

Damit ist auch § 99 Abs. 1 verletzt. Dies ist aber kein Verstoß i. S. von § 99 Abs. 1 Ziffer 1 mit der Folge eines Rechts der Zustimmungsverweigerung. Die Einstellung ist mangels Unterrichtung für den Betriebsrat nicht existent.

---

25 JArbSchG vom 12.4.1976 – BGBl. I S. 965; Beschäftigungsverbote gem. § 22 f.

Eine fehlerhafte Unterrichtung ist ebenfalls kein Gesetzesverstoß. Allerdings beginnt die Wochenfrist nicht zu laufen.[26]

176 Ein Zustimmungsverweigerungsrecht wegen Gesetzesverstoßes ist auch nicht gegeben, wenn bei einer befristeten Einstellung die Befristung selbst unzulässig ist.[27]

Der Betriebsrat kann die Zustimmung zu einer Einstellung wegen Verstoßes gegen eine Norm nur dann verweigern, wenn nach dem Zweck der verletzten Norm die Einstellung ganz unterbleiben muß. Das Mitbestimmungsrecht bei Einstellungen ist auch kein Instrument einer umfassenden Kontrolle des Vertragsinhalts.[28]

177 • § 99 Abs. 2 Ziff. 2: Die Einstellung verstößt gegen eine Richtlinie nach § 95.

Beispiel:

In einer derartigen Auswahlrichtlinie für Einstellungen sei vorgesehen, daß der innerbetriebliche Bewerber bei gleicher Eignung vor dem externen Bewerber den Vorrang haben soll. Verstößt der Arbeitgeber dagegen, so kann der Betriebsrat wirksam der Einstellung des externen Bewerbers widersprechen.

Hinweis: In Betrieben, in denen Auswahlrichtlinien nicht bestehen, geht diese Zustimmungsverweigerungsmöglichkeit ins Leere.

178 • § 99 Abs. 2 Ziff. 3: Im Betrieb beschäftigte Arbeitnehmer haben durch die Einstellung Nachteile bis hin zur Kündigung, ohne daß dies aus betrieblichen oder persönlichen Gründen gerechtfertigt wäre.

Beispiel 1:

179 Der Arbeitgeber will für die Werkstatt 1 des Betriebs einen Schlosser einstellen. Gleichzeitig wird in der Werkstatt 2 ein Schlosser aus betriebsbedingten Gründen entlassen. Hier hat der Betriebsrat die Möglichkeit des Widerspruchs nach

---

26 BAG vom 10.8.1993, NZA 1994 S. 187.

27 BAG vom 16.7.1985, BB 1986 S. 525.

28 BAG vom 28.6.1994, BB 1995 S. 52.

Ziff. 3. Der Arbeitgeber wird prüfen müssen, ob er den von Kündigung bedrohten Schlosser aus der Werkstatt 2 auf die freie Stelle in Werkstatt 1 versetzt und auf die Einstellung eines externen Schlossers verzichtet.[29]

Beispiel 2:

Der Betriebsrat widerspricht der Einstellung eines Mitarbeiters mit der Begründung, demnächst seien in einem anderen Betriebsteil Kündigungen aus betriebsbedingten Gründen zu erwarten. Es müßten nun vorbeugend Weiterbeschäftigungsmöglichkeiten gefunden werden. Deshalb seien offene Stellen im Betrieb für die von Kündigung bedrohten Mitarbeiter freizuhalten. Der Betriebsrat verweigert seine Zustimmung zu Unrecht. Die Kündigungen haben sich noch nicht konkretisiert. Es kann also gar nicht festgestellt werden, ob unter den zukünftig zu kündigenden Mitarbeitern jemand ist, der für die freie Stelle geeignet wäre. § 99 Abs. 2 Ziff. 3 gibt dem Betriebsrat nicht die Möglichkeit, bei bevorstehenden, betriebsbedingten Kündigungen vorbeugend einen „Personaleinstellungsstopp“ zu verhängen. Andererseits ist es Aufgabe des Arbeitgebers, nach seinem pflichtgemäßen Ermessen bei Kündigungen Weiterbeschäftigungsmöglichkeiten sorgfältig zu prüfen. **180**

Beispiel 3:

Der Betriebsrat widerspricht der Einstellung eines Gruppenleiters für die Verkaufsabteilung mit dem Hinweis, daß ein bestimmter tüchtiger und erfahrener Sachbearbeiter im Verkauf dadurch einen „sonstigen Nachteil“ im Sinne von § 99 Abs. 2 Ziff. 3 erleide. Dieser verliere nämlich durch die Einstellung eines externen Bewerbers seine Chance, zum Gruppenleiter befördert zu werden. Der Betriebsrat verweigert seine Zustimmung zu Unrecht. Es gibt keinen Rechtsanspruch auf Beförderung. Deshalb ist das Unterbleiben einer Beförderung auch kein „sonstiger Nachteil“ im Sinne von Ziff. 3. **181**

---

29 Bei Kündigungen aus betriebsbedingten Gründen hat der Arbeitgeber ohnehin Weiterbeschäftigungsmöglichkeiten zu prüfen, § 1 Abs. 2 Ziff. 1b KSchG; vgl. auch Randnr. 256f.

182 • § 99 Abs. 2 Ziff. 4: Benachteiligung des betroffenen Arbeitnehmers durch die personelle Maßnahme

Hinweis: Dieser Zustimmungsverweigerungsgrund zielt offensichtlich nicht auf den Fall der Einstellung. Er kann z.B. bei einer Versetzung praktisch werden.

183 • § 99 Abs. 2 Ziff. 5: Verweigerung der Zustimmung, wenn eine nach § 93 erforderliche Ausschreibung im Betrieb unterblieben ist.[30]

Hinweis: Es gibt gesetzlich keinen Vorrang des internen Bewerbers vor dem externen Bewerber. Der Arbeitgeber genügt seiner Verpflichtung zur Ausschreibung gemäß § 93 auch dann, wenn er schon vor der Ausschreibung entschlossen war, einen bestimmten internen oder externen Bewerber für die offene Stelle vorzusehen.

184 • § 99 Abs. 2 Ziff. 6: Es liegen Tatsachen vor, wonach der Bewerber den Betriebsfrieden durch gesetzwidriges Verhalten oder durch grobe Verletzung der in § 75 Abs. 1 enthaltenen Grundsätze stören wird.

Hinweis. Dies ist ein konkreter Anwendungsfall der gemeinsamen Verpflichtung von Betriebsrat und Arbeitgeber auf das Wohl des Betriebes (§ 2) und auf Einhaltung des Betriebsfriedens (§ 74 Abs. 1).[31]

Beispiel 1:

185 Der Betriebsrat widerspricht einer Einstellung, weil die anderen Mitarbeiter in der Abteilung den neuen Mitarbeiter ablehnen. Er begründet das mit der entstandenen „Unruhe", die zu einer Störung des Betriebsfriedens führen könnte. Ein Verweigerungsgrund ist nicht gegeben, denn nicht der neue Bewerber stört den Betriebsfrieden. Es werden außerdem keine Tatsachen genannt, die in seiner Person liegen und zu einer Störung des Betriebsfriedens führen könnten.

30 Vgl. Randnr. 116f.

31 Vgl. auch Randnr. 23.

Beispiel 2:

Der Betriebsrat widerspricht der Einstellung, weil der Bewerber wegen Störung des Betriebsfriedens unter den Voraussetzungen des § 99 Abs. 2 Ziff. 6 bei seinem früheren Arbeitgeber gekündigt worden ist. Hier liegen Tatsachen vor, die auch der Arbeitgeber gemäß Ziff. 6 berücksichtigen muß. Der Betriebsrat verweigert seine Zustimmung zu Recht. **186**

6.4 Besondere Verfahren bei personellen Einzelmaßnahmen

Am Beispiel der Einstellung werden drei besondere Fallgestaltungen erörtert, und zwar **187**

- Einstellung ohne Zustimmung des Betriebsrats,
- Einstellung vor Äußerung des Betriebsrats,
- Einstellung nach Verweigerung der Zustimmung des Betriebsrats.

1. Fall:

Der Arbeitgeber nimmt eine Einstellung ohne Zustimmung des Betriebsrats vor. Eine derartige Einstellung ist nicht etwa nichtig, sondern zunächst rechtswirksam. Der Betriebsrat kann aber beim Arbeitsgericht beantragen, dem Arbeitgeber aufzugeben, die Einstellung aufzuheben. Entscheidet das Arbeitsgericht entsprechend, so muß der Arbeitgeber die Einstellung rückgängig machen. Tut er dies nicht, so kann er auf Antrag des Betriebsrats vom Arbeitsgericht durch Verhängung eines Zwangsgeldes dazu angehalten werden (§ 101). **188**

2. Fall:

Der Arbeitgeber kann eine Einstellung vorläufig vornehmen, bevor der Betriebsrat sich geäußert hat, wenn dies aus sachlichen Gründen dringend erforderlich ist (§ 100 Abs. 1). Der Arbeitgeber hat den Betriebsrat unverzüglich über die vorläufige Einstellung zu unterrichten. Er hat ferner den Arbeitnehmer über die Sach- und Rechtslage aufzuklären. Bestreitet der Betriebsrat, daß die vorläufige Einstellung aus sachlichen Gründen dringend erforderlich ist, so hat er dies dem Arbeit- **189** geber unverzüglich mitzuteilen. In diesem Fall darf der Arbeitgeber die vorläufige Einstellung nur aufrechterhalten, wenn er innerhalb von drei Tagen beim Arbeitsgericht die Ersetzung der Zustimmung des Betriebsrats und die Feststellung beantragt, daß die Maßnahme aus sachlichen Gründen dringend erforderlich war (§ 100 Abs. 2). Entscheidet das Arbeitsgericht negativ für den Arbeitgeber, so endet das Arbeitsverhältnis zwei Wochen nach Rechtskraft der Entscheidung.

Beispiel:

190 Der Arbeitgeber möchte einen sehr qualifizierten Bewerber sofort einstellen, weil dieser sonst zur Konkurrenz geht. Der Betriebsrat möchte von der ihm zustehenden Wochenfrist für seine Äußerung Gebrauch machen. In diesem Fall ist die vorläufige Einstellung aus sachlichen Gründen dringend erforderlich und daher rechtmäßig.

Hinweis. Der Betriebsrat wird einer derartigen Einstellung nicht wirksam widersprechen können. Hier zeigt sich eine praktische Auswirkung von § 2. Auch der Betriebsrat ist dem Wohl des Betriebs verpflichtet. Auch er wird deshalb daran interessiert sein, daß der Betrieb qualifizierte Mitarbeiter gewinnt.

3. Fall:

191 Der Arbeitgeber hat vier Möglichkeiten. Er kann auf die Einstellung verzichten (weil er z.B. erkennt, daß der Betriebsrat seine Zustimmung zu Recht verweigert). Er kann auf die Einstellung zunächst verzichten, aber beim Arbeitsgericht beantragen, die Zustimmung zu ersetzen. Hier läuft er Gefahr, daß der Bewerber nicht mehr zur Verfügung steht, wenn das Arbeitsgericht rechtskräftig entschieden hat.

Deshalb wird der Arbeitgeber eine vorläufige Einstellung vornehmen. Dies ist auch bei Verweigerung der Zustimmung möglich.

Das läuft dann wie im Fall 2. Nimmt der Arbeitgeber schließlich die Einstellung trotz Verweigerung der Zustimmung des Betriebsrats vor, ohne beim Arbeitsgericht die Ersetzung der Zustimmung zu beantragen, so kann der Betriebsrat wie im Fall 1 vorgehen.

6.5 Besondere Gruppen von Arbeitnehmern

Das Mitwirkungsverfahren gemäß § 99 gilt nicht für die Einstellung von leitenden Angestellten. Der Betriebsrat ist über ihre Einstellung lediglich gemäß § 105 zu informieren.[32] **192**

In Tendenzbetrieben gemäß § 118 hat der Betriebsrat bei der Einstellung sogenannter Tendenzträger, z. B. von Redakteuren einer Tageszeitung, nur ein eingeschränktes Mitwirkungsrecht. Es spricht eine tatsächliche Vermutung dafür, daß ihre Einstellung vornehmlich aus tendenzbedingten Gründen erfolgt. Der Arbeitgeber hat dann zwar gemäß § 99 Abs. 1 den Betriebsrat zu informieren. Dieser kann auch aus Gründen des § 99 Abs. 2 Bedenken geltend machen. Ein Zustimmungsverweigerungsrecht hat der Betriebsrat aber nicht.[33] **193**

Auch bei der Einstellung von Aushilfen[34] ist die Zustimmung des Betriebsrats einzuholen.

Nach Ansicht des BAG besteht das Mitbestimmungsrecht des Betriebsrats grundsätzlich auch bei der Beschäftigung von Leiharbeitnehmern. Der entleihende Betrieb habe nämlich gegenüber den auf Zeit beschäftigten Leiharbeitnehmern eine faktische Arbeitgeberstellung. Diese ist gegeben, wenn **194**

- der Leiharbeitnehmer praktisch in den Betrieb eingegliedert wird,
- er den Weisungen des entleihenden Arbeitgebers oder seiner Bevollmächtigten unterliegt und
- er in gleicher Weise wie die ständig beschäftigten Arbeitnehmer arbeitet.[35]

Das vom BAG für erforderlich gehaltene Merkmal der „Eingliederung in den Betrieb für eine bestimmte Zeit“ liegt bei kurzfristigen Leiharbeitsverhältnissen nicht vor. Deshalb scheidet in diesen Fällen eine Mitbestimmung des Betriebsrats aus. **195**

---

32 Dazu und über „rechtzeitig“ i. S. von § 105 vgl. Randnr. 45.

33 BAG vom 7. 11. 1975, BB 1976 S. 134.

34 „Aushilfen“ werden verstanden als kurzzeitig befristet eingestellte Mitarbeiter.

35 BAG vom 15. 4. 1986, BB 1986 S. 1986.

196 Tritt ein Arbeitgeber durch Betriebsübergang gemäß § 613a Abs. 1 BGB in die Rechte und Pflichten eines Arbeitsverhältnisses ein, so liegt darin keine Einstellung der übernommenen Arbeitnehmer.

6.6 Besonderheiten der Eingruppierung

197 Einstellung und Eingruppierung gehen in der Regel Hand in Hand. Der Betriebsrat wird deshalb auch vom Arbeitgeber über die Einstellung und die vorgesehene Eingruppierung gleichzeitig informiert werden. Dennoch ist zu beachten, daß es sich bei Einstellung und Eingruppierung um getrennte personelle Einzelmaßnahmen handelt. Die Frage der Zustimmung zu diesen beiden Maßnahmen oder evtl. Zustimmungsverweigerungsgründe sind also auch getrennt zu prüfen. Der Betriebsrat kann die Zustimmung zur Einstellung nicht mit der Begründung verweigern, die Eingruppierung sei unzutreffend vorgenommen worden.[36]

198 Die Eingruppierung ist für den Arbeitgeber Normenvollzug, weil es um die Anwendung eines Tarifvertrages geht. Die Aufgabe des Betriebsrats ist es, die Anwendung des Tarifvertrages durch den Arbeitgeber zu kontrollieren. Er hat ein Mitbeurteilungsrecht. Der Betriebsrat kann deshalb die Zustimmung zur Eingruppierung verweigern, wenn er der Ansicht ist, daß die Eingruppierung nicht den Vorschriften des Tarifvertrages entspricht. Die in 6.4[37] geschilderten besonderen Verfahren bei Eilbedürftigkeit der personellen Maßnahme oder bei Verweigerung der Zustimmung gelten auch für die Eingruppierung.

Hält der Betriebsrat eine mit seiner Zustimmung erfolgte Eingruppierung nicht mehr für zutreffend, so kann er vom Arbeitgeber nicht verlangen, daß dieser erneut ein Verfahren nach § 99 einleitet.[38]

---

36 BAG vom 20.12.1988, BB 1989 S. 1549.

37 Vgl. Randnr. 187f.

38 BAG vom 18.6.1991, BB 1991 S. 1933 = NZA 1991 S. 852.

7. Versetzung

7.1 Arbeitsrechtliche Fragen zur Versetzung

Eine weitere „personelle Einzelmaßnahme“, bei der der Betriebsrat ein Mitbestimmungsrecht gemäß § 99 hat, ist die Versetzung. 199

Versetzung im arbeitsrechtlichen Sinn ist jede nicht nur vorübergehende Zuweisung einer anderen Tätigkeit als die arbeitsvertraglich vereinbarte. Die Vereinbarung der auszuübenden Tätigkeit ist neben der Bezahlung der Hauptpunkt jedes Arbeitsvertrags. Je enger und detaillierter die Tätigkeit des Arbeitnehmers im Arbeitsvertrag beschrieben wird, um so weniger hat der Arbeitgeber die Möglichkeit, den Arbeitnehmer ohne dessen Zustimmung mit einer anderen Tätigkeit zu betrauen.

Deshalb enthalten die meisten Arbeitsverträge neben der Kennzeichnung der auszuübenden Tätigkeit einen Versetzungsvorbehalt. Er hat zum Inhalt, daß dem Arbeitnehmer auch eine andere als die vereinbarte Tätigkeit zugewiesen werden kann, wenn diese angemessen ist, also z. B. der Ausbildung und der bisherigen beruflichen Entwicklung des Arbeitnehmers entspricht. Muß der Arbeitnehmer mit der Zuweisung einer anderen Tätigkeit nach seinem Anstellungsvertrag nicht einverstanden sein und lehnt er die ihm zugewiesene neue Tätigkeit ab, so bleibt dem Arbeitgeber nur die Änderungskündigung.[39] 200

Eine kurzfristige Zuweisung einer anderen Tätigkeit, z. B. im Rahmen einer Vertretung wegen Urlaubs oder Krankheit, wird in der Regel auch ohne entsprechende Vereinbarung im Anstellungsvertrag im Rahmen des Weisungsrechts des Arbeitgebers liegen. 201

Das Betriebsverfassungsrecht hat einen eigenen Begriff der Versetzung geschaffen (nachfolgend 7.2). An ihn knüpft das Mitbestimmungsrecht des Betriebsrats an. Deshalb kann der Arbeitgeber einem Arbeitnehmer, der mit einer Versetzung nicht einverstanden ist, auch nicht entgegenhalten, der Betriebsrat habe seine Zustimmung erteilt. Umgekehrt ist die 202

39 Vgl. Randnr. 277.

Verweigerung der Zustimmung des Betriebsrats nicht unwirksam, wenn der betroffene Arbeitnehmer selbst mit seiner Versetzung einverstanden ist.

An diesem Beispiel zeigt sich, daß individuelles und kollektives Arbeitsrecht voneinander unabhängige Rechtswirkungen haben.

7.2 Die Versetzung im Sinne des BetrVG

203 Versetzung im Sinne des BetrVG (§ 95 Abs. 3) ist entweder

- die Zuweisung eines anderen Arbeitsbereichs für voraussichtlich mehr als einen Monat oder
- die Zuweisung eines anderen Arbeitsbereichs ohne Rücksicht auf die Zeitdauer, wenn sich die Umstände, unter denen die Arbeit zu leisten ist, erheblich ändern.

Die zwei Versetzungsfälle unterscheiden sich durch eine Zeitkomponente und durch den Grad der Veränderung der Arbeitsumstände.

Zum 1. Fall der Versetzung:

204 Die Zuweisung eines anderen Bereiches soll voraussichtlich länger als einen Monat dauern. Dann kommt es auf eine damit verbundene erhebliche Änderung der Arbeitsumstände nicht an. Entscheidend ist der Begriff des anderen Arbeitsbereichs. Der Arbeitsbereich eines Arbeitnehmers ist nicht nur rein örtlich der Arbeitsplatz, an dem er seine Arbeit versieht. Hinzu kommt die funktionale Komponente, d.h. die Gesamtheit der dem Arbeitnehmer im Betrieb zugewiesenen Tätigkeiten im Zusammenhang mit der Eingliederung in die betriebliche Organisation.

Die Zuweisung eines anderen Arbeitsbereichs bedeutet demnach, daß der Arbeitnehmer aus seinem bestehenden räumlichen und/oder funktionalen Tätigkeitsbereich herausgenommen wird und ihm eine andere Arbeitsaufgabe oder Tätigkeit zugewiesen wird.

Zum 2. Fall der Versetzung:

Es wird ein anderer Arbeitsbereich mit einer erheblichen Änderung der Arbeitsumstände zugewiesen. In diesem zweiten Fall kommt es auf die zeitliche Komponente nicht an. Ändern sich die Arbeitsumstände erheblich, wobei nach dem Schutzgedanken des Gesetzes in der Regel an eine Verschlechterung der Arbeitsumstände gedacht wird, so liegt eine zustimmungspflichtige Versetzung vor. **205**

Ausnahme: Die Bestimmung des jeweiligen Arbeitsplatzes gilt dann nicht als Versetzung, wenn Arbeitnehmer nach der Eigenart ihres Arbeitsverhältnisses üblicherweise nicht ständig an einem bestimmten Arbeitsplatz beschäftigt werden (§ 95 Abs. 3 Satz 2). Hier handelt es sich um Tätigkeiten, deren Eigenart gerade darin besteht, daß sie heute an diesem und morgen an einem anderen Ort ausgeübt werden, wie die Tätigkeit der Montagearbeiter oder Bauarbeiter. **206**

Bei den nachfolgenden Vorgängen handelt es sich um keine Versetzungen im betriebsverfassungsrechtlichen Sinne: **207**

- Änderung des Arbeitsbereichs durch Zuweisung neuer oder Fortfall bisheriger Aufgaben.
- Zuweisung einer anderen Aufgabe im Rahmen des im Anstellungsvertrag beschriebenen Aufgabengebietes (Beispiel: Sachbearbeiter im Verkauf betreut Kunden eines anderen Bezirks).
- Beschäftigung an einer anderen Maschine ohne Wechsel der Betriebsabteilung oder Werkstatt.
- Am Arbeitsplatz werden neue Maschinen oder Arbeitswerkzeuge eingeführt.
- Die Arbeitszeit ändert sich, z. B. Umsetzung in eine andere Schicht bei Schichtarbeit.
- Der Vorgesetzte wechselt.
- Unwesentliche räumliche Veränderung bei unveränderter Tätigkeit (z. B. Umzug von einem Raum in einen anderen, oder die ganze Abteilung bezieht neue, aber eng benachbarte Räume).

Diese Fälle haben etwas gemeinsam. Es sind die immer wieder vorkommenden Änderungen im betrieblichen Alltag, die für den betroffenen Arbeitnehmer nicht einschneidend sind **208** und mit denen er rechnen muß. Diese Änderungen halten sich im normalen Schwankungsbereich der betrieblichen Entwicklung, wie sie durch neue Maschinen, geänderte Technologien, Wachstum der Betriebe und Fluktuation von Mitarbeitern vorgegeben sind.

209 Versetzungen sind aber bei folgenden Veränderungen gegeben:

- Die gleiche Tätigkeit soll in einer anderen Betriebsabteilung oder Werkstatt oder in einem anderen Bürogebäude ausgeübt werden, wenn die räumliche Veränderung nicht unwesentlich ist (Beispiel: Die andere Werkstatt liegt in einem anderen Werk, so daß der Weg zur Arbeit sich wesentlich ändert).
- Eine Sekretärin aus dem Verkauf soll als Sekretärin im Einkauf weiterbeschäftigt werden.
- Ein Facharbeiter in einer Werkstatt soll in derselben Werkstatt Werkstattschreiber werden.
- Eine Betriebsstätte oder eine Abteilung wird von einem Ort zu einem anderen verlegt (die einschneidende räumliche Änderung bedeutet bei gleicher Arbeit für alle Betroffenen eine Versetzung).

210 – Wenn einem Mitarbeiter ein wesentlicher Teil seiner Aufgaben entzogen wird, kann dies die Zuweisung eines anderen Arbeitsbereichs und damit eine Versetzung sein – obwohl ihm ein anderer Teil seiner bisherigen Tätigkeit verbleibt.[40]

211 *Hinweis:* Der Wechsel des Vorgesetzten kann ein Indiz für eine Versetzung sein, zumal wenn es sich um einen Vorgesetzten handelt, der personelle Befugnisse hat. Anders kann es sein, wenn innerhalb der gleichen Betriebsabteilung nur der unmittelbare Fachvorgesetzte wechselt, z. B. der Vorarbeiter. Der Wechsel der Kostenstelle kann ein Hinweis auf eine Versetzung sein, jedoch ist zu beachten, daß die Betriebsabrechnung die Struktur und „Größe" der Kostenstelle nach den Bedürfnissen der Kostenerfassung bemißt.

212 Die eben genannten Veränderungen sind nur dann Versetzungen, wenn die Zuweisung des anderen Arbeitsbereichs für

40 BAG vom 2.4.1996, BB 1996 S. 1940.

länger als einen Monat geplant ist. Dabei kommt es auf den Zeitpunkt der Anordnung an. Wird die Zuweisung des anderen Arbeitsbereichs voraussichtlich einen Monat nicht überschreiten, muß der Betriebsrat nicht eingeschaltet werden. Erweist sich die Einschätzung der Zeitdauer als irrtümlich, so ist die Zustimmung des Betriebsrats dann einzuholen, wenn absehbar ist, daß die Zuweisung des anderen Arbeitsbereichs doch über einen Monat hinausgehen wird.

Eine Versetzung liegt auch vor, wenn die Zuweisung des an- **213**
deren Arbeitsbereichs weniger als einen Monat andauern soll, die Arbeitsumstände sich jedoch erheblich ändern (s. o. Fall 2). Zu den Arbeitsumständen zählen Arbeitsumgebung, Arbeitsablauf, Arbeitszeit und Arbeitsbedingungen. Die Änderungen sind dann erheblich, wenn sie vom Arbeitnehmer eine erhebliche Umstellung verlangen oder eine beachtliche Mehrbelastung mit sich bringen. Änderungen dieser Art müssen zur Zuweisung des anderen Arbeitsbereichs hinzutreten.

Beispiele für derartige Versetzungen:

- Eine Schreibkraft aus einem zentralen Schreibzimmer soll im Büro der Produktionsleitung aushelfen. Ihr Weg zur Arbeit verlängert sich erheblich.
- Ein Bote soll im Produktionsbetrieb aushelfen, der jedoch in Wechselschicht arbeitet.

Hinweis: Die Monatsfrist führt dazu, daß die vielen betriebs- **214**
alltäglichen Vertretungen wegen Urlaubs und Krankheit in der Regel keine Versetzungen sind, wenn sie nicht ausnahmsweise mit einer erheblichen Änderung der bisherigen Arbeitsumstände verbunden sind.

7.3 Die Mitwirkung des Betriebsrats

Die Mitwirkung des Betriebsrats findet in der gleichen Weise **215**
statt wie bei der Einstellung. Der Arbeitgeber muß den Betriebsrat über die geplante Versetzung rechtzeitig unterrichten. Dazu gehört auch die Bezeichnung des zukünftigen Arbeitsplatzes. Die Unterrichtung ist rechtzeitig, wenn der Betriebsrat eine Woche vorher unterrichtet wird.

Hinweis: Der Betriebsrat hat auch ein Mitwirkungsrecht, wenn der Arbeitgeber die Versetzung nach dem Arbeitsvertrag kraft Weisungsrecht durchführen kann und der betroffene Arbeitnehmer damit einverstanden ist.[41]

216 Der Arbeitgeber kann unter den Voraussetzungen des § 100 auch eine Versetzung vorläufig vornehmen, z.B. in Eilfällen. Solche Eilfälle ergeben sich immer wieder, insbesondere bei kurzfristigen Erkrankungen oder sonstigen unvorhergesehenen Ereignissen. In derartigen Fällen ist die vorläufige Durchführung der Versetzung in der Regel aus sachlichen Gründen dringend erforderlich (§ 100 Abs. 1). Würde man hier zu hohe Anforderungen stellen, und könnte deshalb der Betriebsrat die Wochenfrist zur Äußerung immer wahrnehmen, so würde man den betrieblichen Bedürfnissen in vielen Fällen nicht gerecht werden können.

217 Die Verweigerung der Zustimmung richtet sich wie bei der Einstellung abschließend nach § 99 Abs. 2.

In den Fällen von Ziff. 1, 2, 5 und 6 ergeben sich keine Besonderheiten zu den Möglichkeiten der Zustimmungsverweigerung, wie sie beispielhaft bei der Einstellung dargestellt wurden.[42]

Besondere Fallgestaltungen können sich aus der Verweigerung der Zustimmung gemäß Ziff. 3 und 4 ergeben.

Beispiele zu Ziff. 3:

218 Der Betriebsrat widerspricht einer Versetzung mit der Begründung, ein anderer im Betrieb beschäftigter Arbeitnehmer erleide einen „sonstigen Nachteil“. Der bestehe darin, daß dieser Arbeitnehmer bei der Versetzung hätte berücksichtigt werden müssen, weil diese für ihn auch zugleich eine Beförderung bedeutet hätte etc. Der Betriebsrat kann mit dieser Begründung nicht gehört werden, weil ein rechtlicher Anspruch auf Beförderung nicht gegeben ist. Ein „sonstiger Nachteil“ liegt nur vor, wenn in die Rechtsstellung des Arbeitnehmers eingegriffen wird. Deshalb könnte die Zustimmungsverweigerung begründet sein, wenn dem anderen Ar-

---

41 Vgl. Randnr. 202.
42 Vgl. Randnr. 174.

beitnehmer die Versetzung vorher rechtlich bindend zugesagt worden wäre.

Oder:

Der Betriebsrat widerspricht einer Versetzung, weil er meint, die freie Stelle müsse für einen von einer betriebsbedingten Kündigung bedrohten anderen Arbeitnehmer vorgesehen werden. Mit dieser Begründung kann er gehört werden, wenn eine Weiterbeschäftigungspflicht für den von der Kündigung bedrohten anderen Arbeitnehmer besteht. Dies ist nur dann nicht der Fall, wenn, mit den Worten des Gesetzes, die Versetzung „aus betrieblichen oder persönlichen Gründen gerechtfertigt ist". Das bedeutet im konkreten Fall: Der Widerspruch des Betriebsrats wäre unbegründet, wenn der von Kündigung bedrohte Arbeitnehmer aus betrieblichen oder persönlichen Gründen, z.B. mangelnder fachlicher Eignung, die freie Stelle nicht ausfüllen kann. **219**

Beispiel zu Ziff. 4:

(Benachteiligung des betroffenen Arbeitnehmers): Der Arbeitnehmer hat an dem neuen Arbeitsplatz nicht die Möglichkeit, Überstunden zu machen, Sonderschichten zu fahren, Prämien zu verdienen etc. Es zählen aber nicht nur wirtschaftliche Nachteile. Nachteile können auch in der persönlichen Lebensführung liegen, z.B. bei einem Wechsel von Tagschicht in Wechselschicht. **220**

Änderungen der Arbeitszeit können nur dann zu einer Zustimmungsverweigerung des Betriebsrats führen, wenn überhaupt eine Versetzung vorliegt. Das wird für das Beispiel zu Ziff. 4 unterstellt. In solchen Fällen ist die Zustimmungsverweigerung des Betriebsrats nur dann berechtigt, wenn die Benachteiligung des Arbeitnehmers mit betrieblichen oder in der Person des Arbeitnehmers liegenden Gründen nicht zu rechtfertigen ist, wenn also z.B. der Arbeitgeber die Möglichkeit hat, die Stelle mit einem ebenso geeigneten Arbeitnehmer zu besetzen, für den diese Versetzung nicht nachteilig ist. **221**

Die Rechtsfolgen bei einer Verweigerung der Zustimmung zu einer Versetzung sind die gleichen, wie im Falle der Verweigerung der Zustimmung zur Einstellung. Der Arbeitgeber **222** kann die Versetzung unterlassen oder die Ersetzung der Zustimmung durch das Arbeitsgericht beantragen (§ 99 Abs. 4) oder die Versetzung vorläufig durchführen (§ 100 Abs. 1).[43]

7.4 Versetzung und Umgruppierung

223 Wie in der Regel mit der Einstellung eine Eingruppierung erfolgt, so kann mit der Versetzung eine Umgruppierung[44] verbunden sein. Dann bestimmt der Betriebsrat auch bei der Umgruppierung mit. Versetzung und Umgruppierung sind getrennte mitwirkungspflichtige Tatbestände. Der Betriebsrat kann die Zustimmung zur Versetzung nicht mit der Begründung verweigern, die vorgesehene Umgruppierung entspräche nicht dem anzuwendenden Tarifvertrag. Das zu Einstellung und Eingruppierung Gesagte gilt auch hier.[45]

8. Kündigung

8.1 Arbeitsrechtliche Aspekte der Kündigung

224 Für eine allgemeine arbeitsrechtliche Abhandlung über Kündigungsfragen ist hier nicht der Platz. Hier geht es um die Mitbestimmung bei der Kündigung. Arbeitsrechtliche Fragen werden nur insoweit kurz behandelt, als es zum Verständnis der mitbestimmungsrechtlichen Aspekte der Kündigung erforderlich ist.

225 Ein befristetes Arbeitsverhältnis endet durch Zeitablauf.

Ein unbefristetes Arbeitsverhältnis kann aus mehreren Gründen enden:

- durch ein Ereignis, das die Arbeitsleistung endgültig unmöglich macht, wie Tod oder vollständige Invalidität;
- durch beiderseitiges Einvernehmen von Arbeitnehmer und Arbeitgeber (Vertragsaufhebung);

---

43 Vgl. Randnr. 187 f.

44 Umgruppierung ist die Eingruppierung in eine andere Tarifgruppe des anzuwendenden Tarifvertrags als die zunächst, z. B. bei der Einstellung, vorgesehene.

45 Vgl. Randnr. 197.

– durch ordentliche, fristgemäße Kündigung und
– durch außerordentliche, meist fristlose Kündigung.

Ein Arbeitsverhältnis endet nicht ohne weiteres durch Erreichung einer Altersgrenze, mit der normalerweise eine Pensionierung eintritt. Ist das beabsichtigt, so muß dieses im Anstellungsvertrag vereinbart werden.

Ein Mitbestimmungsrecht des Betriebsrats gibt es nur bei der **226** Kündigung durch den Arbeitgeber. Die Möglichkeit der einverständlichen Aufhebung des Arbeitsvertrages ist Ausdruck der allgemeinen Vertragsfreiheit und ohne Beteiligung des Betriebsrats möglich. Eine solche Form der Beendigung des Arbeitsverhältnisses wird auch häufig gewählt, um eine Kündigung zu vermeiden.

In der Begriffssprache des Juristen ist die Kündigung eine einseitige empfangsbedürftige und rechtsgestaltende Willenserklärung. Ihr Hauptmerkmal ist die Einseitigkeit als Gegentyp zum Vertrag, der zu seiner Wirksamkeit zweier übereinstimmender Willenserklärungen bedarf.

Dennoch ist die Kündigung nicht ohne weiteres wirksam. Für **227** Arbeitnehmer gilt allgemein Kündigungsschutz.[46] Nach § 1 des Kündigungsschutzgesetzes ist nur die Kündigung rechtswirksam, die sozial gerechtfertigt werden kann. Das allgemeine Merkmal der sozialen Rechtfertigung ist durch Gesetz und Rechtsprechung detailliert ausgeformt worden. Danach unterscheidet man drei Arten von Kündigungen, für die jeweils eine Reihe von sozialen Rechtfertigungsgründen anerkannt werden.

Die personenbedingte Kündigung

Hier liegen Gründe in der Person des Arbeitnehmers vor, für **228** die er nicht verantwortlich gemacht werden kann, z. B. mangelnde Eignung oder mangelnde Anpassungsfähigkeit oder Nachlassen der Leistungsfähigkeit im Alter. Der häufigste Grund ist Krankheit des Arbeitnehmers.

---

46 Ausnahmen: Kein Kündigungsschutz besteht bei einer Dauer des Beschäftigungsverhältnisses von weniger als 6 Monaten (§ 1 Abs. 1 KSchG) und in sog. Kleinbetrieben mit bis zu 10 Arbeitnehmern (§ 23 Abs. 1 KSchG).

Die verhaltensbedingte Kündigung

229 Hier geht es allgemein gesagt um die Verletzung von Pflichten aus dem Arbeitsverhältnis. Kündigungsgründe können mangelnder Leistungswille, Unzuverlässigkeit, Unpünktlichkeit und Bummelei sein. Ein solches Verhalten muß in der Regel vorher abgemahnt werden, damit der Arbeitnehmer die Chance erhält, sich zu korrigieren. Dies ist jedoch von der Schwere des Fehlverhaltens abhängig.

Die betriebsbedingte Kündigung

230 Hier werden als Kündigungsgrund z. B. Arbeitsmangel, Betriebsänderungen, Rationalisierungsmaßnahmen und organisatorische Änderungen anerkannt.

In allen drei Fällen müssen die Gründe für die Rechtfertigung der Kündigung vor Ausspruch der Kündigung vorliegen. Beim Kündigungsschutz-Prozeß müssen konkrete Tatsachen für diese Gründe vorgebracht und, falls der gekündigte Arbeitnehmer sie bestreitet, bewiesen werden.

231 Einen besonderen Kündigungsschutz genießen Schwerbehinderte, Arbeitnehmerinnen mit Mutterschutz und Mitglieder des Betriebsrats, der Jugend- und Auszubildendenvertretung und des Wahlvorstandes sowie Wahlbewerber.[47]

232 Voraussetzung für die Rechtswirksamkeit einer Kündigung ist auch die Einhaltung der für die ordentliche Kündigung vorgeschriebenen Frist sowie geltender Formvorschriften.

233 Die Mitwirkung bzw. Mitbestimmung des Betriebsrats bei Kündigungen wirkt sich als Verstärkung des nach allgemeinen arbeitsrechtlichen Regeln gegebenen Kündigungsschutzes aus. Diese Verstärkung des Kündigungsschutzes ergibt sich:

- aus dem Anhörungsverfahren,
- aus den Widerspruchsmöglichkeiten des Betriebsrats und
- aus der daraus sich ableitenden Weiterbeschäftigungspflicht.

---

47 S. dazu § 15 KSchG.

8.2 Die Anhörung des Betriebsrats

Der Betriebsrat ist vor jeder Kündigung zu hören. Der Arbeitgeber hat ihm die Gründe für die Kündigung mitzuteilen. Eine ohne Anhörung des Betriebsrats ausgesprochene Kündigung ist unwirksam (§ 102 Abs. 1). **234**

Der Betriebsrat ist vor jeder Kündigung zu hören, d.h. vor einer ordentlichen Kündigung ebenso wie vor einer außerordentlichen Kündigung.[48] Die Anhörung des Betriebsrats muß vor jeder Kündigung erfolgen, d.h., bevor die Kündigung ausgesprochen wird. Das gilt auch für eine außerordentliche Kündigung.

Eine ordnungsgemäße und wirksame Anhörung setzt mindestens voraus, daß der Arbeitgeber dem Betriebsrat die Person des Arbeitnehmers, dem gekündigt werden, soll, bezeichnet, die Art der Kündigung (z.B. ordentliche oder außerordentliche) angibt, ggf. auch den Kündigungstermin nennt und die Gründe für die Kündigung mitteilt. **235**

Der Arbeitgeber muß grundsätzlich dem Betriebsrat den für die beabsichtigte Kündigung relevanten Sachverhalt näher beschreiben, insbesondere diejenigen Tatsachen nennen, aus denen er seinen Kündigungsentschluß abgeleitet hat. **236**

Zu den anzugebenden Kündigungsgründen im Falle einer betriebsbedingten Kündigung zählen nicht nur die dringenden betrieblichen Erfordernisse, sondern auch diejenigen Umstände, die für die soziale Auswahl maßgebend sind. Diese Umstände müssen dem Betriebsrat auch ohne ein ausdrückliches Verlangen mitgeteilt werden. **237**

Beabsichtigt der Arbeitgeber, einem Arbeitnehmer aus personenbedingten Gründen, zum Beispiel wegen Krankheit, zu kündigen, gehört zu einer ordnungsgemäßen Anhörung gem. § 102 BetrVG, daß dem Betriebsrat nicht nur die Art der Erkrankung, die krankheitsbedingten Fehlzeiten und die Zukunftsprognose, sondern auch die wirtschaftlichen Belastun- **238**

48 Die „außerordentliche" Kündigung entspricht der Kündigung „aus wichtigem Grund" oder der „fristlosen" Kündigung, die in § 626 BGB geregelt ist. Unter einer „ordentlichen" Kündigung versteht man die mit der vorgesehenen oder vereinbarten Frist – also fristgerecht, „ordentlich" – ausgesprochene Kündigung.

gen für den Betrieb und die Betriebsbeeinträchtigungen mitgeteilt werden.

239 Schließlich ist bei verhaltensbedingten Kündigungsgründen dem Betriebsrat das konkret beanstandete Verhalten des Arbeitnehmers näher mitzuteilen, auf das die Kündigung gestützt werden soll.

240 Bei Änderungskündigungen muß der Arbeitgeber dem Betriebsrat nicht nur die Gründe mitteilen, auf die er seine Kündigung zu stützen beabsichtigt; er hat vielmehr den Betriebsrat auch über das Änderungsangebot zu informieren.

241 Eine wirksame Anhörung kann nicht mehr erfolgen, nachdem die Kündigung erklärt ist. Eine nachträglich eingeholte Stellungnahme des Betriebsrats kann die Unwirksamkeit der ohne vorherige Anhörung erklärten Kündigung nicht beheben.

Der Arbeitgeber darf nach Abschluß des Anhörungsverfahrens nicht einen zu langen Zeitraum bis zum Ausspruch der Kündigung verstreichen lassen. Er läuft sonst Gefahr, den Betriebsrat erneut anhören zu müssen, und zwar dann, wenn sich in der Zwischenzeit der Kündigungssachverhalt wesentlich geändert hat, vor allem neue Kündigungsgründe hinzugetreten sind. Der Betriebsrat muß dann nochmals Gelegenheit haben, die beabsichtigte Kündigung unter den geänderten Gegebenheiten zu überprüfen.

242 Das Anhörungsverfahren ist zwingend vorgeschrieben. Der Arbeitgeber und der Betriebsrat können also nicht vereinbaren, daß das Verfahren entfallen soll. Sie können allerdings die vom Gesetzgeber vorgesehene Äußerungsfrist für den Betriebsrat verlängern.

243 Die Pflicht zur vorherigen Anhörung des Betriebsrats besteht auch bei außerordentlichen Kündigungen und selbst dann, wenn grobe Verstöße gegen arbeitsvertragliche Verpflichtungen eine fristlose Kündigung rechtfertigen.

Hier kann es jedoch Fälle geben, in denen es dem Arbeitgeber nicht zuzumuten ist, das Anhörungsverfahren abzuwarten, zumal der Betriebsrat in Fällen außerordentlicher Kündigung eine Äußerungsfrist von drei Tagen hat. Bei Unzumutbarkeit für den Arbeitgeber wird man es deshalb für zulässig halten müssen, daß er den Arbeitnehmer unbezahlt von der Arbeit freistellt.

Der Betriebsrat hat folgende Möglichkeiten, auf die Mitteilung einer Kündigungsabsicht zu reagieren: **244**

- Er kann der Kündigung zustimmen.
- Er kann sich nicht äußern.
- Er kann Bedenken erheben.
- Er kann der Kündigung widersprechen.

Stimmt der Betriebsrat zu, kann der Arbeitgeber die Kündigung aussprechen.

Äußert sich der Betriebsrat nicht innerhalb der im Gesetz festgelegten Frist von einer Woche bei ordentlichen Kündigungen und von drei Tagen bei außerordentlichen Kündigungen, so kann der Arbeitgeber die Kündigung ebenfalls aussprechen. Die Zustimmung des Betriebsrats gilt dann als erteilt. **245**

Äußert der Betriebsrat Bedenken, muß der Arbeitgeber sie zur Kenntnis nehmen und auf ihre Begründetheit prüfen. Dies ergibt sich bereits aus dem Grundsatz der vertrauensvollen Zusammenarbeit. Teilt der Arbeitgeber die Bedenken nicht und hält er an seiner Kündigungsabsicht fest, so kann er die Kündigung aussprechen. **246**

Der Betriebsrat kann schließlich der ordentlichen Kündigung widersprechen. Auf diese, seine wichtigste Möglichkeit wird im nächsten Kapitel im einzelnen eingegangen.

8.3 Der Widerspruch des Betriebsrats

Der Betriebsrat kann einer ordentlichen Kündigung widersprechen. Er muß das innerhalb der schon mehrfach erwähnten Wochenfrist tun. Sein Widerspruch ist nur schriftlich wirksam, und er kann sich schließlich nur auf einen der im Gesetz vorgesehenen Widerspruchsgründe stützen. Widerspruchsgründe sind abschließend in § 102 Abs. 3 Ziff. 1–5 aufgeführt. Für die Wirksamkeit des Widerspruchs genügt aber nicht das Zitat eines oder mehrerer gesetzlicher Widerspruchsgründe. Es müssen zugleich Tatsachen angegeben werden, die diesen Widerspruch stützen sollen. **247**

248 Die Widerspruchsgründe zielen auf den Typ der betriebsbedingten Kündigung. Das wird bei der Auswahl nach sozialen Gesichtspunkten ganz deutlich (§ 102 Abs. 3 Ziff. 1). Dennoch kann der Betriebsrat auch bei personenbedingten und verhaltensbedingten Kündigungen widersprechen. Das BAG sagt, es gebe auch hier viele Fallgestaltungen, in denen die Interessen des Arbeitgebers genügend berücksichtigt werden könnten, wenn der Arbeitnehmer auf einen anderen freien Arbeitsplatz versetzt werde.[49]

Beispiel:

249 Ein Kraftfahrer verliert wegen Alkoholmißbrauchs seinen Führerschein. Damit ist in seiner Person (oder auch in seinem Verhalten) ein Kündigungsgrund gegeben. Er kann ohne Führerschein nicht als Kraftfahrer beschäftigt werden. Nun soll es sich um einen älteren Arbeitnehmer mit längerer Betriebszugehörigkeit handeln, und eine Weiterbeschäftigung auch ohne Führerschein soll möglich sein, z. B. als Hilfsarbeiter im Lager. In einem solchen Fall kann sich ein Widerspruchsgrund des Betriebsrats auf Weiterbeschäftigungsmöglichkeiten stützen.

In jedem Fall kann der Betriebsrat losgelöst von den einzelnen Widerspruchsgründen bei verhaltensbedingten oder in der Person des Arbeitnehmers liegenden Kündigungsgründen Bedenken geltend machen.

Bei der nachfolgenden Darstellung der einzelnen Widerspruchsgründe wird aber von einer betriebsbedingten Kündigung ausgegangen.

250 *1. Widerspruchsgrund:* Der Arbeitgeber hat bei der Auswahl des zu kündigenden Arbeitnehmers soziale Gesichtspunkte nicht oder nicht ausreichend berücksichtigt (§ 102 Abs. 3 Ziff. 1).

251 Die soziale Auswahl setzt voraus, daß bei der betriebsbedingten Kündigung mehrere Arbeitsplätze und Arbeitnehmer von der Kündigung betroffen sind. Unter ihnen müssen diejenigen für die Kündigung ausgewählt werden, die davon unter sozia-

---

49 BAG vom 22. 7. 1982, BB 1983 S. 834.

len Gesichtspunkten am wenigsten betroffen werden. Die Merkmale der Sozialauswahl regelt § 1 Abs. 3 KSchG. Es sind drei: Dauer der Betriebszugehörigkeit, Alter und Unterhaltspflichten.

Für die Bewertung der drei Merkmale zueinander stellt das KSchG Richtigkeitsvermutungen auf (§ 1 Abs. 4 KSchG).

Sind bei einer Betriebsänderung zu kündigende Arbeitnehmer **252**
in einem Interessenausgleich namentlich erfaßt, so wird vermutet, daß dringende betriebliche Erfordernisse gegeben sind und die Sozialauswahl zutreffend erfolgte (§ 1 Abs. 5 KSchG).

Beispiel:

Wegen Arbeitsmangel müssen in einer Betriebsabteilung von 40 Arbeitnehmern 10 entlassen werden. Der Arbeitgeber muß nach sozialen Gesichtspunkten diejenigen Arbeitnehmer auswählen, die die Kündigung am wenigsten trifft. Er muß also den Jüngeren vor dem Älteren, den ohne Unterhaltspflichten vor dem mit solchen und den mit kurzer Betriebszugehörigkeit vor dem mit längerer entlassen.

Die soziale Auswahl erstreckt sich innerhalb des Betriebs auf alle Arbeitnehmer, deren Tätigkeit miteinander verglichen werden kann, die also austauschbar sind.

Hinweis: Der Arbeitgeber darf betriebsbedingte Kündigungen **253**
nicht als Gelegenheit benutzen, sich von leistungsschwächeren Arbeitnehmern zu trennen. Mangelnde Leistung kann ein Grund für eine personen- oder verhaltensbedingte Kündigung sein. Nur wenn der soziale Status bei zwei Arbeitnehmern gleich ist und einer von ihnen entlassen werden muß, kann der Arbeitgeber den Leistungsschwächeren entlassen.

Muß der Arbeitgeber unter Umständen besonders qualifi- **254**
zierte und leistungsstarke Arbeitnehmer entlassen, weil sie im Rahmen der Sozialauswahl auf den Arbeitsplatz am wenigsten angewiesen sind? Nein, wenn die Voraussetzungen des § 1 Abs. 3 Satz 2 KSchG gegeben sind, wenn also betriebstechnische, wirtschaftliche oder sonstige berechtigte betriebliche Bedürfnisse die Weiterbeschäftigung dieser Arbeitnehmer bedingen oder wenn die Sicherung einer ausgewogenen

Personalstruktur dies erfordert. Ein wichtiger Anwendungsfall von „Personalstruktur" ist der Altersaufbau des Betriebs. Betriebsbedingter Personalabbau soll nicht zur Überalterung führen.

2. Widerspruchsgrund: Die Kündigung verstößt gegen eine Richtlinie nach § 95 (§ 103 Abs. 3 Ziff. 2).

255 Bei der Notwendigkeit von Massenentlassungen ist es üblich, mit dem Betriebsrat eine Auswahlrichtlinie zu vereinbaren. Sie legt die sozialen Gesichtspunkte fest, nach denen ausgewählt werden muß. Die Auswahlrichtlinie ist rechtlich eine Betriebsvereinbarung. Die einzelne Kündigung darf nun folgerichtig nicht gegen diese Betriebsvereinbarung verstoßen. Der Betriebsrat kontrolliert die richtige Anwendung von Normen.

256 *3. Widerspruchsgrund:* Die Weiterbeschäftigung des zu kündigenden Arbeitnehmers ist an einem anderen Arbeitsplatz im selben Betrieb oder in einem anderen Betrieb des Unternehmens möglich (§ 102 Abs. 3 Ziff. 3).

Der Arbeitgeber hat bei betriebsbedingten Kündigungen auch gemäß § 1 Abs. 2b KSchG Weiterbeschäftigungsmöglichkeiten zu prüfen. Werden vorhandene Möglichkeiten nicht genutzt, so gibt das dem Betriebsrat einen Grund zum Widerspruch. Die Weiterbeschäftigung setzt voraus, daß an anderer Stelle ein Arbeitsplatz zu besetzen ist. Es kann also nicht verlangt werden, daß ein solcher Arbeitsplatz erst geschaffen wird. Die Weiterbeschäftigung setzt ferner voraus, daß der zu kündigende Arbeitnehmer fachlich und persönlich geeignet ist, den anderen Arbeitsplatz einzunehmen.

257 *4. Widerspruchsgrund:* Die Weiterbeschäftigung des Arbeitnehmers ist nach zumutbaren Umschulungs- oder Fortbildungsmaßnahmen möglich (§ 103 Abs. 3 Ziff. 4).

Oft besteht zwar eine Weiterbeschäftigungsmöglichkeit, jedoch ist der zu kündigende Arbeitnehmer für die offene Stelle fachlich nicht in dem erforderlichen Maße geeignet. Dann muß der Arbeitgeber dem Arbeitnehmer Gelegenheit zu Umschulungs- oder Fortbildungsmaßnahmen geben, damit dieser den Anforderungen der neuen Stelle gerecht werden kann.

Diese Maßnahmen müssen nicht zu einem anerkannten Ausbildungsberuf führen, und die Umschulung muß auch nicht mit Prüfungen enden. Es genügt, daß der Umgeschulte die andere berufliche Tätigkeit tatsächlich ausüben kann. Es ist auch nicht erforderlich, daß die Umschulungsmaßnahmen zu einer qualifizierteren Tätigkeit führen. Sie muß nur „anders" sein. Ob es eine „andere Tätigkeit" ist, richtet sich – soweit es sich nicht um anerkannte Ausbildungsberufe handelt – nach den im Unternehmen üblichen Tätigkeitsbezeichnungen. **258**

Die Umschulungsmaßnahmen müssen für den Arbeitgeber zumutbar sein. Dies kann nur nach den Umständen des Einzelfalles beurteilt werden. Es wird auf die Größe und wirtschaftliche Lage des Unternehmens ankommen. Das Vorhandensein und die Leistungsfähigkeit betrieblicher Schulungseinrichtungen wird eine Rolle spielen. Hinzu kommen die Dauer, die Höhe des Aufwands und die voraussichtlichen Erfolgsaussichten der Umschulungsmaßnahme. Eine Umschulung in einen anderen anerkannten Ausbildungsberuf wird einem mittleren Unternehmen in der Regel nicht zumutbar sein. Jedenfalls ist es nicht vertretbar, daß sich ein solches Unternehmen für diesen Zweck die entsprechende personelle und sachliche Ausbildungskapazität zulegen müßte. **259**

1. Beispiel:

Der zu kündigende Arbeitnehmer ist Facharbeiter. Im Rechnungswesen ist die Stelle eines Buchhalters zu besetzen. Es ist dem Unternehmen nicht zuzumuten, den Facharbeiter zum Buchhalter umzuschulen. **260**

2. Beispiel:

In der Buchhaltung muß einem Sachbearbeiter oder Buchhalter gekündigt werden. Dieser Arbeitnehmer war früher schon einmal als Sachbearbeiter im Einkauf (oder im Verkauf) tätig. Dort ist auch die Stelle eines Sachbearbeiters zu besetzen. In diesem Falle muß der zu kündigende Arbeitnehmer Gelegenheit zu Fortbildungs- oder Umschulungsmaßnahmen erhalten, damit er die Stelle im Einkauf oder Verkauf einnehmen kann. **261**

262 *5. Widerspruchsgrund:* Eine Weiterbeschäftigung des Arbeitnehmers ist unter geänderten Vertragsbedingungen möglich, und der Arbeitnehmer hat sein Einverständnis hiermit erklärt (§ 102 Abs. 3 Ziff. 5). Hiermit ist eine Weiterbeschäftigungsmöglichkeit gemeint, mit der der betroffene Arbeitnehmer nach seinem Anstellungsvertrag nicht einverstanden sein muß. Dies ist z. B. der Fall, wenn die Tätigkeit nicht seiner Qualifikation entspricht oder geringer bezahlt wird. Ist der Arbeitnehmer aber mit dieser neuen Tätigkeit einverstanden, so muß er auf diese Weise weiterbeschäftigt werden, vorausgesetzt natürlich, daß er für diese Tätigkeit geeignet ist.

263 *Hinweis:* Der Arbeitgeber unterläßt es manchmal, dem zu kündigenden Arbeitnehmer eine weniger qualifizierte und geringer bezahlte Tätigkeit anzubieten. Er geht dann davon aus, daß der Arbeitnehmer diese Tätigkeit doch nicht annehmen wird. Er muß sich jedoch in diesem Punkt Gewißheit verschaffen, wenn er nicht Gefahr laufen will, daß seiner Kündigung aus diesem Grunde widersprochen wird und dieser Widerspruch zur Weiterbeschäftigung und zum Unterliegen im Kündigungsschutz-Prozeß führt.

8.4 Die Rechtsfolgen des Widerspruchs

264 Der Arbeitgeber ist auch durch einen form- und fristgerechten Widerspruch des Betriebsrats nicht gehindert, die Kündigung auszusprechen. Die trotz Widerspruchs ausgesprochene Kündigung kann auch wirksam sein. Läßt der Arbeitnehmer die Kündigung auf sich beruhen, so hat der Widerspruch des Betriebsrats keine Rechtsfolgen.

265 Der Arbeitnehmer kann jedoch gegen jede Kündigung durch Einlegen einer Kündigungsschutzklage beim Arbeitsgericht vorgehen. Diese Klagemöglichkeit ist auch gegeben, wenn der Betriebsrat keinen Widerspruch eingelegt oder der Kündigung sogar zugestimmt hat.

266 Kündigt der Arbeitgeber nach einem Widerspruch des Betriebsrats – wobei er dem Arbeitnehmer mit der Kündigung eine Abschrift der Stellungnahme des Betriebsrats zuzuleiten hat (§ 102 Abs. 4) – und erhebt der Arbeitnehmer fristgerecht Kündigungsschutzklage, so kann er von dem Arbeitge-

ber die Weiterbeschäftigung verlangen. Diese Möglichkeit hat er nicht, wenn der Betriebsrat nicht widersprochen hat.

Der Arbeitnehmer muß den Anspruch auf Weiterbeschäftigung unverzüglich nach Vorliegen der gesetzlichen Voraussetzungen, also Widerspruch des Betriebsrats und Erhebung der Kündigungsschutzklage, geltend machen, spätestens jedoch vor Ablauf der Kündigungsfrist, falls diese über die Frist zur Klageerhebung hinausgeht. **267**

Beispiel:

Der Arbeitnehmer wird bei entsprechender Kündigungsfrist am 30.9. zum 31.12. gekündigt. Er kann sofort einen Weiterbeschäftigungsanspruch geltend machen und dann innerhalb der dreiwöchigen Klagefrist Kündigungsschutzklage einreichen. Er kann ferner Kündigungsschutzklage einreichen und anschließend innerhalb der Kündigungsfrist, also vor dem 31.12., die Weiterbeschäftigung verlangen. Er kann das im gerichtlichen Verfahren tun oder außerhalb. Erhebt er jedoch Kündigungsschutzklage und verlangt erst nach dem 31.12. die Weiterbeschäftigung, so ist dies verspätet. **268**

Sind die Voraussetzungen für den Weiterbeschäftigungsanspruch gegeben, so muß der Arbeitgeber den Arbeitnehmer nach Ablauf der Kündigungsfrist bis zum rechtskräftigen Abschluß des Rechtsstreits bei unveränderten Arbeitsbedingungen weiterbeschäftigen (§ 102 Abs. 5). Der Arbeitgeber muß den Arbeitnehmer an seinem bisherigen Arbeitsplatz weiterbeschäftigen. Er kann ihm auch einen anderen Arbeitsplatz zuweisen, wenn der fortgeltende Arbeitsvertrag das zuläßt. Eine Freistellung des Arbeitnehmers unter Fortzahlung des Arbeitsentgelts ist nur mit Einverständnis des Arbeitnehmers möglich. War allerdings eine bezahlte Freistellung von der Arbeit arbeitsvertraglich wegen der Besonderheit der Tätigkeit vereinbart, so ist das auch nach der Kündigung trotz Widerspruchs des Betriebsrats und Verlangen nach Weiterbeschäftigung möglich. **269**

Auf Antrag des Arbeitgebers kann das Arbeitsgericht ihn jedoch durch einstweilige Verfügung von der Weiterbeschäftigungspflicht in drei Fällen entbinden (§ 102 Abs. 5): **270**

1. Fall: Die Klage des Arbeitnehmers bietet keine hinreichende Aussicht auf Erfolg oder erscheint mutwillig.

2. Fall: Die Weiterbeschäftigung des Arbeitnehmers würde zu einer unzumutbaren wirtschaftlichen Belastung des Arbeitgebers führen.

3. Fall: Der Widerspruch des Betriebsrats ist offensichtlich unbegründet.

271 Außerhalb der Regelung des § 102 Abs. 5 gibt es einen Anspruch auf Weiterbeschäftigung, wenn ein Gericht für Arbeitssachen auf eine entsprechende Kündigungsschutzklage des Arbeitnehmers hin festgestellt hat, daß das Arbeitsverhältnis durch die Kündigung nicht aufgelöst worden ist.[50]

8.5 Besondere Fallgestaltungen bei Kündigungen

Kündigung von leitenden Angestellten

272 Bei der Kündigung von leitenden Angestellten[51] gibt es keine Mitwirkung des Betriebsrats. Die Kündigung ist dem Betriebsrat nur rechtzeitig mitzuteilen (§ 105). Unterbleibt das, so hat dies keinen Einfluß auf die Kündigung selbst.

273 *Hinweis:* Der gekündigte Arbeitnehmer kann sich im Kündigungsschutz-Prozeß darauf berufen, daß er kein leitender Angestellter ist. Dann prüft das Arbeitsgericht diese Vorfrage. Dabei kommt es nicht darauf an, daß sich Arbeitgeber und Arbeitnehmer vorher einig waren. Das Gesetz schreibt zwingend vor, wer leitender Angestellter ist. Diese Eigenschaft ist also nicht zur Disposition der Arbeitsvertragsparteien gestellt. Kommt das Arbeitsgericht im Kündigungsschutz-Prozeß zu dem Ergebnis, daß der Gekündigte nicht leitender Angestellter ist, so ist die Kündigung rechtsunwirksam, weil der Betriebsrat hätte gehört werden müssen. Deshalb kann dem Arbeitgeber nur empfohlen werden, in Zweifelsfällen auch bei leitenden Angestellten den Betriebsrat anzuhören.

50 BAG/GS vom 27.2.1985, BB 1985 S. 1978.
51 Zum Begriff vgl. Randnr. 8.

Kündigung von „Tendenzträgern"

Der Betriebsrat ist auch vor der Kündigung von Tendenzträgern (z.B. Redakteuren) anzuhören.[52] 274

Auch tendenzbedingte Kündigungsgründe sind ihm mitzuteilen. Der Betriebsrat hat sich aber bei Einwendungen auf soziale Gesichtspunkte zu beschränken.[53]

Kündigung eines Probearbeitsverhältnisses

Bei Kündigung während der Probezeit ist der Betriebsrat ebenfalls anzuhören. Besteht das Probearbeitsverhältnis weniger als sechs Monate, so ist ein allgemeiner Kündigungsschutz nach § 1 des Kündigungsschutzgesetzes nicht gegeben. Der Betriebsrat kann Bedenken äußern, hat jedoch keine Möglichkeit eines Widerspruchs, da die Gründe für die Kündigung während der Probezeit in aller Regel in der mangelnden Qualifikation oder Geeignetheit des Arbeitnehmers liegen werden. 275

Befristetes Arbeitsverhältnis oder Aushilfsarbeitsverhältnis

Auch hier hat der Betriebsrat bei der Kündigung ein Anhörungsrecht, wenn der Arbeitgeber vor Fristablauf kündigt. 276

Änderungskündigungen

Eine Änderungskündigung zielt in erster Linie auf eine Fortsetzung des Arbeitsverhältnisses bei geänderten vertraglich vereinbarten Arbeitsbedingungen und erst dann auf Beendigung des Arbeitsverhältnisses, nämlich wenn der Arbeitnehmer mit den geänderten Arbeitsbedingungen nicht einverstanden ist. Für die Mitbestimmung des Betriebsrats ist die Änderungskündigung wie eine Kündigung zu behandeln. 277

---

52 Zum Begriff vgl. Randnr. 6.

53 Tendenzbedingte Kündigungsgründe bei Redakteuren sind Einhaltung der Grundhaltung (Tendenz) der Zeitung, die journalistische Sorgfaltspflicht, aber auch die Leistung schlechthin. Ein sozialer Gesichtspunkt könnte die Weiterbeschäftigung auf einem anderen „tendenzfreien" Arbeitsplatz sein.

III. Mitbestimmung in sozialen Angelegenheiten

1. Einführung: Inhalt und Grenzen der Mitbestimmung

278 Der Betriebsrat hat in sozialen Angelegenheiten ein erzwingbares Mitbestimmungsrecht, d. h., der Arbeitgeber kann nicht allein entscheiden. Er muß sich mit dem Betriebsrat einigen. Die notwendige Zustimmung des Betriebsrats ist hier auch nicht an Vorgaben des Gesetzes gebunden wie bei der Einstellung (§ 99 Abs. 2). Der Betriebsrat kann vielmehr seine Entscheidung nach pflichtgemäßem Ermessen treffen. In der Ausübung seines Ermessens ist er, wie der Arbeitgeber, an die vom Gesetz gewollten Grundsätze der Zusammenarbeit gebunden.

279 Als soziale Angelegenheit bezeichnet das Gesetz die 12 in § 87 Abs. 1 aufgeführten Tatbestände. Es sind dies die betrieblichen Arbeitsbedingungen. Die Aufzählung in § 87 ist abschließend. Der Arbeitgeber kann über § 87 hinaus freiwillige Vereinbarungen über weitere soziale Angelegenheiten treffen (§ 88).

280 Die Mitbestimmung des Betriebsrats schließt für die Tatbestände des § 87 Abs. 1 grundsätzlich auch ein Initiativrecht ein. Der Betriebsrat kann von sich aus eine mitbestimmungspflichtige Angelegenheit aufgreifen und Verhandlungen darüber verlangen.

281 Kommt es nicht zur Einigung, so wird der Sachverhalt zur verbindlichen Entscheidung der Einigungsstelle unterbreitet (§ 87 Abs. 2).[1] Auf diese Weise kann es zu betrieblichen Regelungen auf Gebieten kommen, die der Arbeitgeber gar nicht kollektivrechtlich regeln wollte.

282 Eine andere Frage ist die, ob das Initiativrecht des Betriebsrats nicht dort seine Grenze finden muß, wo seine Ausübung in die unternehmerische Freiheit eingreifen würde. Diese

1 Vgl. Randnr. 397 f.

Grenze gibt es generell nicht. Dies ist jedenfalls die Ansicht des BAG in dem Fall des Ladenschlusses eines Kaufhauses. Betriebsrat und Belegschaft wünschten einen Ladenschluß um 18.00 Uhr. Der Arbeitgeber wollte den nach dem Gesetz möglichen späteren Ladenschluß. Die Einigungsstelle und das BAG gaben dem Betriebsrat recht.[2] Der Arbeitgeber konnte seine unternehmerische Entscheidung, die gesetzlich möglichen Ladenschlußzeiten auszuschöpfen, nicht durchsetzen.

Das Initiativrecht wird aber durch den Inhalt des Mitbestim- **283**
mungstatbestandes selbst begrenzt. In einigen Fällen bestimmt der Betriebsrat über das WIE, nicht aber über das OB einer Maßnahme mit. In diesen Fällen kann der Betriebsrat nicht über ein Initiativrecht und letztlich die Einigungsstelle eine Regelung durchsetzen, die der Arbeitgeber nicht will und die ihm nicht geplante Kosten auferlegen würde.

Beispiele:

Ein Betrieb hat keine Kantine (§ 87 Abs. 1 Ziff. 8). Der Be- **284**
triebsrat kann nicht die Errichtung einer Kantine durchsetzen. Besteht bereits eine Kantine, so wirkt er gleichberechtigt bei der Verwaltung mit.

Ein Unternehmen hat keine betriebliche Altersversorgung **285**
(§ 87 Abs. 1 Ziff. 10). Der Betriebsrat kann ihre Einführung nicht erzwingen.

Eine weitere Grenze für betriebliche Regelungen ergibt sich **286**
aus dem Gesetz- und Tarifvorbehalt des Einleitungssatzes von § 87 Abs. 1. Mitbestimmung und damit die Möglichkeit zum Abschluß von Betriebsvereinbarungen ist nur gegeben, soweit eine gesetzliche oder tarifliche Regelung nicht besteht. Dort wo ein Gesetz zu erkennen gibt, daß es eine Angelegenheit so und nicht anders geregelt wissen will (sog. zwingendes Gesetzesrecht), ist kein Raum für eine Betriebsvereinbarung.

---

2 BAG vom 31.8.1982, BB 1983 S. 1597.

287 Der Arbeitgeber hat keine Entscheidungsmöglichkeit, sondern er befolgt das Gesetz. Er „bestimmt“ nicht, also gibt es für den Betriebsrat auch nichts „mitzubestimmen“.[3]

288 Gesetz i. S. von § 87 ist jede zwingende Norm, also auch Verordnungen aufgrund von Gesetzen oder Unfallverhütungsvorschriften.

Beispiele aus dem BetrVG selbst:

289 Arbeitgeber und Betriebsrat könnten unter dem Titel „Ordnung des Betriebs“ (§ 87 Abs. 1 Ziff. 1) nicht rechtswirksam

- das Beschwerderecht des einzelnen Arbeitnehmers gem. § 84 inhaltlich beschränken oder
- dem Betriebsrat ein Einsichtsrecht in Personalakten einräumen oder
- zusätzliche Widerspruchsgründe für den Betriebsrat bei einer Kündigung vereinbaren.

Wohl aber könnten sie
- das Verfahren für die Ausübung des Beschwerderechts des einzelnen Arbeitnehmers regeln („Beschwerdeordnung“) oder
- ein Verfahren für die Ausübung des Einsichtsrechts in die Personalakte vereinbaren.

290 An einigen Stellen gibt das BetrVG ausdrücklich die Ermächtigung zu ergänzenden oder abweichenden Regelungen, z. B.:

- § 86: Betriebliche Beschwerdestelle ist statt Einigungsstelle möglich;
- § 102 Abs. 6: Erweiterung der Mitbestimmung des Betriebsrats bei Kündigungen;
- § 38 Abs. 1 letzter Satz: Abweichende Regelungen der Freistellung von Betriebsratsmitgliedern – durch Tarifverträge oder Betriebsvereinbarungen.

291 Bei der Konkurrenz von Tarifverträgen und Betriebsvereinbarungen ist ferner § 77 Abs. 3 zu beachten. Danach können Arbeitsentgelt und sonstige Arbeitsbedingungen, die durch Tarifvertrag geregelt sind oder üblicherweise geregelt werden,

---

3 BAG vom 26. 5. 1988, BB 1988 S. 2316.

nicht Gegenstand einer Betriebsvereinbarung sein. Diese Tarifsperre wird ggf. vom einschlägigen Tarifvertrag selbst aufgehoben, wenn er nämlich ergänzende Betriebsvereinbarungen ausdrücklich zuläßt (§ 77 Abs. 3 Satz 2 – sog. Öffnungsklausel).

§ 77 Abs. 3 gilt für alle Betriebsvereinbarungen, also für die mit zwingend mitbestimmungspflichtigem Inhalt (§ 87 Abs. 1) und für die freiwilligen Betriebsvereinbarungen (§ 88).

Hinweis: Die Tarifsperre von § 77 Abs. 3 wird von Arbeitgebern und Betriebsräten oft mißachtet. Insbesondere werden die tariflichen Arbeitsentgelte und Zuschläge für Mehrarbeit durch Betriebsvereinbarungen häufig „aufgestockt". Diese Betriebsvereinbarungen sind rechtsunwirksam. Die auf ihnen beruhende Praxis der Zahlung der übertariflichen Entgelte kann den Inhalt der (unwirksamen) Betriebsvereinbarung zum Bestandteil der einzelvertraglichen Regelung mit jedem begünstigten Arbeitnehmer machen, und zwar dann, wenn der Arbeitgeber diese Leistungen in jedem Fall erbringen will. **292**

Ergebnis: Der Arbeitgeber kann sich dann von den übertariflichen Entgelten nur durch Änderungskündigung der Arbeitsverträge lösen.

Spezial: Tarifvertrag und Betriebsvereinbarung und die sog. „Tarifflucht"

Die Koalitionsfreiheit wirkt auch negativ. Ein Arbeitgeber/Unternehmen kann unter Beachtung der satzungsrechtlichen Fristen jederzeit seinen Austritt aus einem Arbeitgeberverband erklären. Dies geschieht, wenn der Arbeitgeber die abgeschlossenen Tarifverträge nicht mehr bedienen will oder kann. Er tritt aus dem Verband aus, um der Anwendung der tariflichen Bestimmungen zu entkommen; aus der Sicht der Tarifvertragsparteien wird „Tarifflucht" begangen. **293**

Wenn die Tarifgebundenheit (§ 3 Abs. 3 TVG) endet, ist der Arbeitgeber frei, bei Neueinstellungen Arbeitsbedingungen „unter Tarif" zu vereinbaren.[4] Für die bestehenden Arbeits- **294**

---

4 Das setzt natürlich voraus, daß der Arbeitgeber Arbeitsentgelte „unter Tarif" am Arbeitsmarkt durchsetzen kann.

verhältnisse wirkt der Tarifvertrag nach, bis er durch eine andere Abmachung ersetzt wird (§ 4 Abs. 5 TVG).

Das können andere arbeitsvertragliche Bestimmungen sein, die einvernehmlich vereinbart werden. Stimmen die Arbeitnehmer nicht zu, so hilft nur eine Änderungskündigung.

295 Das Bedürfnis nach einer neuen kollektiven Regelung könnte durch Abschluß eines Firmentarifvertrags („Haustarifs") befriedigt werden.[5] Die Gewerkschaft wird unterhalb der Regelungen des bisherigen Tarifs nur in einzelnen Härtefällen und befristet und bei Garantie bestehender Arbeitsplätze dazu bereit sein („Bündnis für Arbeit").[6]

Eine Betriebsvereinbarung kann die kollektive Regelungslücke nicht rechtswirksam schließen. Dies folgt aus dem Regelungsverbot des § 77 Abs. 3. Ein Tarifvertrag gilt zwar nicht mehr, aber die hier zu regelnden Arbeitsbedingungen sind „üblicherweise" durch Tarifvertrag geregelt. Dann können sie nicht Gegenstand einer Betriebsvereinbarung sein.

296 Zu den weiteren allgemeinen Feststellungen in diesem Kapitel gehört, daß mitbestimmungspflichtig grundsätzlich nur Kollektivmaßnahmen sind. Eine Ausnahme findet sich in Ziff. 9: Die Zuweisung von Werkswohnungen auch für einzelne Arbeitnehmer. Darunter sind Maßnahmen für eine Mehrzahl von Arbeitnehmern zu verstehen, sei es für den ganzen Betrieb, für eine Betriebsabteilung oder für eine Gruppe von Betriebsangehörigen. Diese Mehrzahl muß sich durch gemeinsame Merkmale von anderen Arbeitnehmern abgrenzen. Die Gestaltung eines oder mehrerer individuell unterschiedlicher Arbeitsverhältnisse unterliegt nicht der Mitbestimmung des Betriebsrats.

Die Abgrenzung von kollektiven und individuellen und daher nicht mitbestimmungspflichtigen Maßnahmen ist besonders

---

5 Tarifvertragspartei kann auch ein einzelner Arbeitgeber sein (§ 2 Abs. 1 TVG).

6 Die bekanntgewordenen Regelungen beinhalten in der Regel eine befristete Aussetzung oder Kürzung von einmaligen jährlichen Leistungen wie Urlaubsgeld, tariflicher Jahresleistung, evtl. eine Kürzung von Urlaubstagen gegen eine befristete Garantie der vorhandenen Arbeitsplätze.

bei der Anordnung von Mehrarbeit, bei Fragen der Arbeitsordnung oder bei Urlaubsfragen von Bedeutung und wird dort mit Beispielen abgehandelt.

297 Die Mitbestimmung des Betriebsrats entfällt nicht in Eilfällen. Der Arbeitgeber muß sich darauf einrichten, auch in Eilfällen die Zustimmung des Betriebsrats einzuholen. Ob das auch in sog. Notfällen gilt (Beispiele für Notfälle: Brand, Überschwemmung, Explosionsgefahr) ist bisher von der Rechtsprechung noch nicht entschieden worden. Man wird jedoch sagen können, daß der Arbeitgeber bei Gefahr im Verzug sofort handlungsfähig sein muß, um Schaden abzuwenden.

298 Nachfolgend werden die für die betriebliche Praxis besonders wichtigen mitbestimmungspflichtigen Angelegenheiten behandelt, und zwar

- Arbeitsordnung und Arbeitskontrolle (§ 87 Abs. 1 Ziff. 1 und 6)
- Arbeitszeitfragen, insbesondere Mehrarbeit (§ 87 Abs. 1 Ziff. 2 und 3)
- Arbeitsentgelt, Provisionen (§ 87 Abs. 1 Ziff. 10 und 11)
- Sozialeinrichtungen (§ 87 Abs. 1 Ziff. 8)
- Urlaubsfragen (§ 87 Abs. 1 Ziff. 5)

Schließlich wird auf das Verfahren vor der Einigungsstelle eingegangen.

2. Arbeitsordnung und Arbeitskontrolle

2.1 Fragen der Ordnung des Betriebs und des Verhaltens der Arbeitnehmer im Betrieb

299 Ordnungs- und Verhaltensregeln, die den Zweck verfolgen, einen reibungslosen Arbeits- bzw. Betriebsablauf sicherzustellen, sind mitbestimmungspflichtig, wenn sie sich auf die gesamte Belegschaft eines Betriebs oder bestimmte Gruppen von Mitarbeitern beziehen. Für Mitbestimmung des Betriebsrats ist dann kein Raum, wenn der Arbeitgeber durch Gesetz, Verordnung oder behördliche Anordnung gehalten ist, bestimmte Regelungen einzuführen.

Beispiel:

300 Eine feuerpolizeiliche Vorschrift schreibt ein Rauchverbot zwingend vor. Der Arbeitgeber gibt eine entsprechende Anordnung. Sie ist Vollzug der Vorschrift und nicht mitbestimmungspflichtig und -fähig.

Aber: Würde der Arbeitgeber zum Schutze der Nichtraucher ein Rauchverbot in bestimmten Räumen anordnen, so wäre dies ein mitbestimmungspflichtiger Sachverhalt.

301 Soweit es sich bei den Maßnahmen des Arbeitgebers um arbeitsnotwendige, weil arbeitstechnische Maßnahmen handelt, ohne die der Arbeitnehmer die Arbeit nicht ordnungsgemäß erbringen kann, sind diese Maßnahmen ebenfalls nicht mitbestimmungspflichtig.

Beispiel:

Bei der Herstellung von Lebensmitteln ist eine bestimmte hygienische Arbeitskleidung arbeitstechnisch notwendig. Soweit behördliche Anordnungen nicht vorliegen, kann der Arbeitgeber ohne Mitbestimmung des Betriebsrats das Tragen dieser Kleidung vorschreiben.

Mitbestimmungspflichtige und mitbestimmungsfreie Einzelfälle

302 Eine Mitbestimmung des Betriebsrats ist z. B. in folgenden Fällen gegeben:

- Der Arbeitgeber möchte ein absolutes Alkoholverbot anordnen; dies ist für den betroffenen Betrieb nicht unabweisbar arbeitsnotwendig.
- Die Regelung, wer wo auf dem Betriebsgelände parken darf, z. B. die Einrichtung bevorzugter Parkplätze für behinderte Arbeitnehmer.
- Rauchverbot zum Schutz der nichtrauchenden Arbeitskollegen.
- Die Regelung des Zugangs zum Betriebsgelände, z. B. die Einrichtung, Verlegung oder der Fortfall einer Werkspforte.
- Die Kontrolle der Arbeitnehmer an den Werktoren durch Werkschutz oder Pfortendienst.

- Richtlinien für die Einsichtnahme der Arbeitnehmer in ihre Personalakten gemäß § 83.
- Bei der Frage, ob im Betrieb allgemein Radio gehört werden darf.
- Einführung eines Formulars zur Bescheinigung der Notwendigkeit von Arztbesuchen während der Arbeitszeit.[7]
- Die Führung formalisierter Krankengespräche mit einer nach abstrakten Kriterien ermittelten Zahl von Arbeitnehmern.[8]

Hinweis: Die Anweisung eines Arbeitgebers an seine Führungskräfte, in Krankheitsfällen mit den Mitarbeitern Kontakt aufzunehmen, ohne Regelung von Inhalt und Verfahren wäre nicht mitbestimmungspflichtig.

Nicht mitbestimmungspflichtig sind hingegen z. B. folgende **303**
Angelegenheiten:

- Der Arbeitgeber verschickt an eine Reihe von Arbeitnehmern ein Schreiben, um Auskunft über häufige Fehlzeiten zu bekommen.
- Die in der EDV-Abteilung beschäftigten Arbeitnehmer werden durch eine einheitlich abgefaßte Betriebsmitteilung zur Geheimhaltung verpflichtet.
- Die Betriebshandwerker werden angewiesen, Arbeitsbücher zu führen und in diese die täglich erledigten Arbeiten einzutragen.
- Der Erlaß von Führungsrichtlinien, die regeln, wie Führungskräfte ihre Aufgaben zu erledigen haben.[9]

Abmahnungen und Verwarnungen

Die Frage, ob bei Abmahnungen und Verwarnungen des Ar- **304**
beitgebers gegenüber Arbeitnehmern eine Mitbestimmung des Betriebsrats gegeben ist, kann heute nach mehreren Urteilen des Bundesarbeitsgerichts als grundsätzlich geklärt an-

7 BAG vom 21.1.1997, BB 1997 S. 1690 = DB 1997 S. 282.

8 BAG vom 8.11.1994, BB 1995 S. 1188.

9 Vgl. auch Randnr. 130: Führungsrichtlinien sind auch unter dem Gesichtspunkt von Beurteilungsgrundsätzen gem. § 94 Abs. 2 nicht mitbestimmungspflichtig.

gesehen werden.[10] Danach umfaßt das Mitbestimmungsrecht des Betriebsrats sowohl das Recht zur Mitbestimmung bei der Aufstellung einer Bußgeldordnung als auch bei der Verhängung einer Betriebsbuße gemäß der Bußordnung.

305 Schriftliche Abmahnungen des Arbeitgebers wegen Verletzung der arbeitsvertraglichen Pflichten sind jedoch keine Betriebsbußen, sondern sie gehören zum sog. „Leistungsbereich"[11] und sind damit mitbestimmungsfrei. Das gilt auch, wenn Betriebsratsmitglieder betroffen sind. In solchen Fällen gehört die Verwarnung oder Abmahnung zum Weisungsrecht des Arbeitgebers. Der Arbeitgeber kann also in den typischen Disziplinarfällen wie Zuspätkommen, Bummelei, Alkoholmißbrauch, Streit mit Kollegen am Arbeitsplatz usw. eine Abmahnung aussprechen, ohne vorher den Betriebsrat einzubeziehen.

306 Davon zu trennen ist die Frage, ob sich der Betriebsrat nach der Abmahnung oder Verwarnung mit diesem Fall befassen kann. Das kann er, wenn der betroffene Arbeitnehmer sich beschwerdeführend an ihn wendet (§ 85 Abs. 1). Da auf diese Weise der Arbeitgeber sich doch mit dem Betriebsrat über den Gegenstand der Abmahnung oder Verwarnung unterhalten muß, beziehen viele Arbeitgeber den Betriebsrat schon vor Ausspruch der Verwarnung oder Abmahnung in das Verfahren ein. Das Gesetz schreibt dieses Verfahren nicht vor.

2.2 Arbeitskontrolle durch technische Einrichtungen (§ 87 Abs. 1 Ziff. 6)

Arbeitskontrolle als Führungsaufgabe

307 Die Überwachung des Arbeitsablaufs und die Kontrolle der Arbeitsleistung gehören zum Kernbereich der Führungsaufgaben. Führung von Mitarbeitern ist ohne Wahrnehmung dieser

10 BAG vom 5.12.1975, BB 1976 S. 415 und BAG vom 30.1.1979, BB 1979 S. 1451.

11 Entsprechend ist das durch den Arbeitsvertrag, die sich daraus ergebenden Pflichten und das Weisungsrecht des Arbeitgebers geregelte „Leistungsverhalten" des Arbeitnehmers mitbestimmungsfrei. Mitbestimmungspflichtig ist demgegenüber das „Ordnungsverhalten".

Aufgaben nicht möglich. Es gibt ein ganzes Spektrum von Methoden, um die Überwachungs- und Kontrollfunktion in der betrieblichen Praxis wahrzunehmen: Persönliches Beobachten, Stichproben, Verpflichtung zur Selbstkontrolle, Soll-Ist-Vergleich bei den Leistungsergebnissen. Dabei können organisatorische und technische Mittel eingesetzt werden, die die Überwachung systematisieren oder vereinfachen sollen. Aus diesem Spektrum von Tätigkeiten und dafür eingesetzten Hilfsmitteln ist die Überwachung durch technische Einrichtungen der Mitbestimmung des Betriebsrats unterworfen.

Technische Einrichtungen

Technische Einrichtungen sind technische Geräte bzw. Appa- **308**
raturen und mechanische Kontrolleinrichtungen, die die Leistungskontrolle selbst bewirken können.

Beispiele:

Fahrtenschreiber, Filmkameras, Multimoment-Filmkameras, die in regelmäßigen Abständen ein Bild liefern, Produktographen (an Maschinen angebrachte Nutzungsschreiber), Zeiterfassungsgeräte (z. B. Stechuhren) und Anlagen zur Telefondatenerfassung.

Papier und Bleistift sind in diesem Sinne keine technischen **309**
Einrichtungen, so daß die Verwendung manueller Aufzeichnungen wie Anwesenheitslisten, formularmäßig vorgegebenen schriftlichen Tätigkeitsberichten und Arbeitsbelegen nicht mitbestimmungspflichtig ist.[12]

Die technischen Einrichtungen müssen nach dem Wortlaut **310**
des Gesetzes für die genannten Kontrollfunktionen „bestimmt" sein, das deutet darauf hin, daß die Einrichtung mit der Zielsetzung eingeführt worden sein muß, gerade die genannten Kontrollfunktionen zu übernehmen. Es ergab sich die Frage, ob eine objektive Geeignetheit zur Kontrolle ausreichen würde, um die Mitbestimmung zu bejahen. Das Bun-

12 Papier und Kugelschreiber oder eine Stoppuhr sind letztlich auch „technische" Produkte. Ihr Einsatz für sich genommen bewirkt aber keine Kontrolle, sondern erst ihre zielgerichtete Benutzung durch Personen.

desarbeitsgericht hat in seiner Entscheidung zum Einsatz einer Multimoment-Filmkamera[13] diese Frage beantwortet und wichtige Richtlinien für die Anwendung von § 87 Abs. 1 Ziff. 6 aufgestellt.

Danach gilt folgendes:

311 – Zweck der Vorschrift sei es, die Verwendung anonymer technischer Kontrolleinrichtungen an die Mitbestimmung des Betriebsrats zu binden und so den Persönlichkeitsbereich der Arbeitnehmer vor Eingriffen zu schützen.
– Dieser Schutz werde nur erreicht, wenn auf die objektive Eignung und Verwendung der Einrichtung gezielt werde ohne Rücksicht darauf, ob der Arbeitgeber die Einrichtung zur Kontrolle einsetzen will und die durch Überwachung gewonnenen Daten auch auswertet.
– Technische Einrichtungen, die ausschließlich für eine Kontrolle von Maschinen in Betracht kommen, wie Warnlampen, Druckmesser, Stückzähler und Drehzahlmesser, zählen nicht zu den mitbestimmungspflichtigen technischen Einrichtungen im Sinne der Vorschrift.

312 Mit der Entwicklung der Datentechnik erweiterte die Rechtsprechung die Anwendung der Vorschrift und die Mitbestimmung des Betriebsrats.

In der Multimoment-Filmkamera-Entscheidung war noch einschränkend gesagt worden, die technische Einrichtung müsse die Daten selbst gewinnen und so unmittelbar die Überwachung bewerkstelligen. Diese Einschränkung wurde aufgegeben, als das BAG Datensichtgeräte in Verbindung mit einem EDV-Rechner als technische Einrichtung im Sinne der Ziffer 6 bezeichnete. Sie gewinnen die Leistungs- oder Verhaltensdaten nicht selbst, sondern diese werden ihnen zum Zwecke der Verarbeitung eingegeben. Können diese verarbeiteten Daten programmgemäß zu Aussagen über Verhalten und Leistung von Arbeitnehmern führen, so ist die Mitbestimmung gegeben.[14]

---

13 BAG vom 14.5.1974, BB 1974 S. 1164.
14 BAG vom 14.9.1984, BB 1985 S. 1666.

Beispiele aus Praxis und Rechtsprechung:

Fall 1: Der Betriebsrat hat mitzubestimmen, wenn eine EDV-Anlage mittels eines Personalinformationssystems auf einzelne Arbeitnehmer bezogene Daten über Fehlzeiten verarbeitet.[15] **313**

Fall 2: Der Betriebsrat hat kein Initiativrecht zur Einführung von Überwachungseinrichtungen. Deshalb kann der Arbeitgeber einseitig eine maschinelle Arbeitszeiterfassung abschaffen. **314**

Fall 3: Bei der Erfassung und Speicherung von Personaldaten, die nichts über Leistung und Verhalten des Arbeitnehmers aussagen, wie Geschlecht, Familienstand, Schule, Ausbildung, Sprachkenntnisse, besteht kein Mitbestimmungsrecht des Betriebsrats.[16] **315**

Fall 4: Der Einsatz von Fahrtenschreibern zur Arbeitszeitüberwachung des Fahrpersonals ist nicht mitbestimmungspflichtig, wenn er gesetzlich oder tariflich vorgeschrieben ist. Anders ist es, wenn der Einsatz dieser Geräte nicht vorgeschrieben ist (s. § 87 Abs. 1 Einleitungssatz). Das gilt auch für die Einführung des Auswertungsgeräts für die Diagrammscheiben des Fahrtenschreibers. Sollen jedoch die bei der Auswertung der Diagrammscheiben gewonnenen Daten einer Leistungskontrolle der Arbeitnehmer dienen, so ist die Einführung dieses Auswertungsgeräts mitbestimmungspflichtig.[17] **316**

Fall 5: Die Erfassung von Daten über die von Arbeitnehmern geführten Telefongespräche ist mitbestimmungspflichtig.[18] **317**

3. Arbeitszeitfragen, insbesondere Mehrarbeit

3.1 Die Festlegung der betrieblichen Arbeitszeit

Gemäß § 87 Abs. 1 Ziff. 2 bestimmt der Betriebsrat mit bei der Festlegung von Beginn und Ende der täglichen Arbeits- **318**

15 BAG vom 11.3.1986, BB 1986 S. 1292.
16 BAG vom 22.10.1986, BB 1987 S. 1461.
17 BAG vom 10.7.1979, DB 1979 S. 2428.
18 BAG vom 27.5.1986, BB 1986 S. 2333.

zeit einschließlich der Pausen, sowie bei der Verteilung der Arbeitszeit auf die einzelnen Wochentage.

Der Rahmen für diese Festlegungen ist gesetzlich oder tariflich geregelt. Das Arbeitszeitgesetz legt Höchstgrenzen für die wöchentliche und tägliche Arbeitszeit fest und trifft Pausenregelungen. Es gibt die Möglichkeit der Verteilung der wöchentlichen Arbeitszeit auf sechs Werktage. Tarifverträge regeln die Dauer der wöchentlichen Arbeitszeit. Im gesetzlichen und tariflichen Rahmen ist der Betrieb frei, die Arbeitszeit entsprechend den betrieblichen Erfordernissen zu regeln. Dies kann aber wirksam nur durch gleichberechtigte Mitbestimmung des Betriebsrats geschehen. Es geschieht in Form einer Betriebsvereinbarung zur Regelung der betrieblichen Arbeitszeit.

Mitbestimmungspflichtig sind nur kollektive Regelungen, also Regelungen für mehrere Arbeitnehmer an vergleichbaren Arbeitsplätzen.

Dazu vier Beispiele:

319 *Beispiel 1:* In einer Betriebsabteilung wünschen alle Arbeitnehmer in der Sommerzeit eine Vorverlegung der Arbeitszeit um eine Stunde. Der Arbeitgeber ist damit auch einverstanden. Ohne Zustimmung des Betriebsrats ist diese Regelung dennoch nicht möglich.

320 *Beispiel 2:* In einer Betriebsabteilung verteilt sich die wöchentliche Arbeitszeit gleichmäßig auf fünf Tage. Der Sonnabend ist arbeitsfrei. Der Arbeitgeber möchte einige Mitarbeiter aus dieser Abteilung wegen dringender betrieblicher Erfordernisse am Sonnabend arbeiten lassen und dafür die Arbeitszeit an den übrigen Werktagen verkürzen. Für diese Regelung bedarf es der Zustimmung des Betriebsrats.

321 *Beispiel 3:* Die Angestellten der Hauptverwaltung beginnen um 7.30 Uhr zu arbeiten. Die leitenden Angestellten beginnen im allgemeinen ihre Arbeit um 8.00 Uhr. Auf die Gestaltung der Betriebszeit der leitenden Angestellten hat der Betriebsrat keinen Einfluß. Die Sekretärinnen dieser leitenden Angestellten sollen nun ihren Arbeitsbeginn an den ihrer Chefs anpassen und erst um 8.00 Uhr die Arbeit aufnehmen. Eine solche

Regelung ist mitbestimmungspflichtig, weil sie alle Sekretärinnen in der Hauptverwaltung betrifft. Ein einzelner leitender Angestellter könnte hingegen mit seiner Sekretärin vereinbaren, statt um 7.30 Uhr um 8.00 Uhr mit der Arbeit zu beginnen, ohne daß der Betriebsrat gefragt werden muß.

Beispiel 4: Der Fall liegt wie im Beispiel 3 mit folgender Variante: Der leitende Angestellte vereinbart gleichzeitig mit seiner Sekretärin und seinem Assistenten einen späteren Arbeitsbeginn. Es besteht kein Mitbestimmungsrecht des Betriebsrats. Die Maßnahme schafft keine kollektive Regelung. Sie betrifft zwei unterschiedliche Arbeitsverhältnisse.

Hinweis zu den Beispielen 3 und 4: Die Mitbestimmung des **322**
Betriebsrats kann nicht dadurch umgangen werden, daß der Arbeitgeber zeitlich gestaffelt eine Reihe von Veränderungen der Arbeitszeit einzelner Arbeitnehmer vornimmt.

3.2 Die vorübergehende Verkürzung oder Verlängerung der betriebsüblichen Arbeitszeit (§ 87 Abs. 1 Ziff. 3)

Die Anordnung von Überstunden oder Mehrarbeit ist ebenso **323**
wie die Anordnung von Kurzarbeit mitbestimmungspflichtig, wenn sie eine Mehrheit von Arbeitnehmern betrifft. Dieser für die betriebliche Praxis besonders wichtige Mitbestimmungstatbestand soll zunächst unter arbeitsrechtlichen Aspekten betrachtet werden. Dann wird der Mitbestimmungstatbestand im einzelnen erläutert, und schließlich werden Einzelfälle aus Praxis und Rechtsprechung angeführt.

Arbeitsrechtliche Aspekte bei Überstunden

Bei der Anordnung von Überstunden sind zwei Fragen zu un- **324**
terscheiden. Die eine lautet: Ist der Arbeitnehmer zur Ableistung von Überstunden verpflichtet? Die andere heißt: Muß die Zustimmung des Betriebsrats eingeholt werden? Wir wollen uns hier zunächst der ersten Frage zuwenden.

Der Arbeitnehmer ist grundsätzlich zur Leistung von Über- **325**
stunden verpflichtet. Sie wird als sogenannte Nebenpflicht aus dem Arbeitsvertrag angesehen, wobei die Hauptpflicht die Erbringung der vertraglich geschuldeten Arbeitsleistung überhaupt ist. Wie andere Nebenpflichten, z. B. Wahrung von

Betriebsgeheimnissen, schonender Umgang mit Produktionsmitteln, Vermeidung von Rufschädigung des Arbeitgebers, ist die Verpflichtung zur Leistung von Überstunden einer allgemeinen Verpflichtung des Arbeitnehmers gegenüber dem Arbeitgeber zuzuordnen, die man Treuepflicht nennt. Ihr steht die Fürsorgepflicht des Arbeitgebers gegenüber. Eine vernünftige Interessenabwägung kann dazu führen, daß der Arbeitgeber wegen seiner Fürsorgepflicht auf die Anordnung von Überstunden verzichten muß.

326 Eine Pflicht zur Ableistung von Überstunden ist aber nur im Rahmen der gesetzlichen Grenzen gegeben. Nach dem Arbeitszeitgesetz (ArbZG) darf eine tägliche Arbeitszeit von 8 und in vielen Fällen von 10 Stunden im Regelfall nicht überschritten werden.

327 Bei der Anordnung von Überstunden, die auf Sonn- und Feiertage fallen, ist zu berücksichtigen, daß gemäß § 9 ArbZG Sonn- und Feiertagsarbeit grundsätzlich verboten ist. Die Aufsichtsbehörde genehmigt Ausnahmen, und zwar generell oder für den Einzelfall. Aber selbst wenn sich die Anordnung von Überstunden an diese Grenzen hält, kann der Arbeitnehmer im Einzelfall die Leistung von Überstunden verweigern.

Beispiel:

328 Der Arbeitgeber ordnet für eine Versandabteilung aus dringenden betrieblichen Gründen kurz vor Dienstschluß 2 Überstunden an. Unter den betroffenen Arbeitnehmern ist eine Frau, die ein Kleinkind versorgen muß und an die Zeiten des Kindergartens gebunden ist. Durch die kurzfristige Ankündigung der Überstunden konnte sie die Abholung und Versorgung des Kleinkindes nicht anderweitig regeln. Eine vernünftige Interessenabwägung ergibt, daß sie der Anordnung nicht Folge leisten muß. Arbeitnehmer können also die Ableistung von gesetzlich nicht gestatteten sowie unzumutbaren Überstunden ablehnen.

329 *Hinweis:* Die Anordnung von mitbestimmungspflichtiger Mehrarbeit ohne Zustimmung des Betriebsrats ist nicht rechtswirksam, d. h., der betroffene Arbeitnehmer braucht der Anordnung nicht folgen.

Überstunden können auch durch mehr Freizeit abgegolten werden. In Tarifverträgen wird üblicherweise der für das Überstundenentgelt vorgesehene Zuschlag auf die Freizeitgewährung übertragen. Bei einem Zuschlag von 50 Prozent muß also für 8 Stunden Mehrarbeit 12 Stunden Freizeit gewährt werden. 330

Hinweis: Viele Arbeitnehmer wünschen sich jedenfalls eine begrenzte Zeit von Überstunden, da auf diese Weise Lohn und Gehalt nicht unwesentlich aufgebessert werden können. Der Arbeitgeber hat aber zu beachten, daß die Zustimmung des Betriebsrats auch erforderlich ist, wenn die Arbeitnehmer den Überstunden zustimmen oder sie sogar fordern. 331

Der Mitbestimmungstatbestand im einzelnen

Mitbestimmungspflichtig ist jede vorübergehende Verkürzung oder Verlängerung der betriebsüblichen Arbeitszeit für eine Mehrzahl von Arbeitnehmern an vergleichbaren Arbeitsplätzen. 332

Betriebsüblich ist die Verteilung der tariflichen (oder gesetzlichen) Normalarbeitszeit, die mit dem Betriebsrat gemäß § 87 Ziff. 2 vereinbart wurde oder die ohne eine solche Vereinbarung vom Arbeitgeber festgesetzt wurde. Hat sich in einer Betriebsabteilung über längere Zeit hin eine Überschreitung der Normalarbeitszeit um 1 bis 2 Stunden ergeben, so wird diese Arbeitszeit nicht zur „betriebsüblichen" im Sinne von Ziff. 3. Das BAG hatte Anlaß dieses festzustellen, weil der Betriebsrat Mitbestimmung in einem Fall beanspruchte, in dem der Arbeitgeber eine über längere Zeit üblich gewordene Ableistung von Überstunden nunmehr zurückführen wollte. Mit anderen Worten: 333

Der Abbau von Überstunden ist nicht mitbestimmungspflichtig, oder eine Änderung der betriebsüblichen Arbeitszeit ist durch die Leistung von Überstunden über einen längeren Zeitraum nicht eingetreten.[19] 334

Die Anordnung von Überstunden verlangt dem Arbeitgeber eine gewisse Planung ab. Dennoch ergibt sich die Notwendigkeit für Überstunden oft erst im Laufe des Tages, an dem sie 335

---

19 BAG vom 25.10.1977, BB 1978 S. 610.

geleistet werden sollen. Aber auch in Eilfällen ist die Anordnung von Überstunden mitbestimmungspflichtig.[20] Häufen sich Eilfälle, so sollten Arbeitgeber und Betriebsrat ein Verfahren absprechen, das eine Verständigung auch kurzfristig sicherstellt. Eine nachträgliche Information des Betriebsrats heilt den Mangel der Zustimmung nicht.

336 Etwas anderes kann für Notfälle gelten. Welche Fälle das sein können, dafür gibt § 14 ArbZG Hinweise. Danach müssen Ereignisse eintreten, deren Folgen nicht auf andere Weise zu beseitigen und die unabhängig vom Willen des Arbeitgebers sind, also nicht planbar waren. Als Beispiel wird das Verderben von Rohstoffen oder Lebensmitteln erwähnt oder das Mißlingen von Arbeitserzeugnissen. Weitere Fälle sind gegeben, wenn eine verhältnismäßig geringe Zahl von Arbeitnehmern an einzelnen Tagen mit Arbeiten beschäftigt wird, deren Nichterledigung das Ergebnis der Arbeit gefährdet oder einen unverhältnismäßigen wirtschaftlichen Schaden zur Folge haben würde. An diese Tatbestände sind jedoch strenge Maßstäbe anzulegen. Die Nichtleistung von Überstunden wird in der Regel zu wirtschaftlichen Schäden führen. Nur wenn diese Schäden unverhältnismäßig sind, kann ein Notfall vorliegen.

337 Eine weitere Rechtsunsicherheit ergibt sich durch die nicht in jedem Fall mit Sicherheit zu beantwortende Frage, ob die Anordnung von Überstunden kollektiven Charakter hat (also mitbestimmungspflichtig ist) oder ob es sich um eine mitbestimmungsfreie Einzelmaßnahme handelt.

338 Die Anordnung von Überstunden für einen einzelnen Arbeitnehmer in einem Einzelfall ist nicht mitbestimmungspflichtig. Nicht mitbestimmungspflichtig ist auch die Anordnung von Überstunden für mehrere Arbeitnehmer, deren Arbeitsplätze sich voneinander unterscheiden, in einem Einzelfall.

Beispiel:

In einer Abteilung werden eine Schreibkraft, ein Sachbearbeiter und der Assistent des Abteilungsleiters gebeten,

---

20 BAG vom 16.2.1977, BB 1977 S. 1702.

zwecks gemeinsamer Fertigstellung einer bestimmten Vorlage, 1 bis 2 Stunden länger zu arbeiten.

Die Frage der Abgrenzung zwischen Einzelmaßnahmen und Kollektivmaßnahmen bleibt gerade bei der Anordnung von Überstunden ein Unsicherheitsfaktor und ein möglicher Streitpunkt zwischen Arbeitgeber und Betriebsrat. Deshalb sind einzelne Unternehmen dazu übergegangen, diese Frage in einer Betriebsvereinbarung zu regeln (siehe nachfolgend unter „Einzelfälle“). **339**

Einzelfälle aus Praxis und Rechtsprechung

Nach den bekanntgewordenen Betriebsvereinbarungen gilt die Mitbestimmungspflicht des Betriebsrats bei der Anordnung von Überstunden für 2 und mehr Arbeitnehmer bis hin zu der Regelung, wonach erst eine Anordnung von Überstunden für mehr als 8 Arbeitnehmer als mitbestimmungspflichtig angesehen wird. **340**

In der Rechtsprechung ist die Anordnung von Überstunden für 4 Arbeitnehmer einer 30 Arbeitnehmer starken Abteilung bei insgesamt 600 Belegschaftsmitgliedern nicht als mitbestimmungspflichtig angesehen worden.

In einem anderen Einzelfall soll die Anordnung von 25 Überstunden für 3 Angestellte ebenfalls nicht unter die Mitbestimmung fallen.

Mit Sicherheit mitbestimmungspflichtig ist die Anordnung von Mehrarbeit schon für eine kleine Abteilung von 3 oder 4 Arbeitnehmern, wenn es sich um vergleichbare Arbeitsplätze handelt. **341**

Die Anordnung von Überstunden für leitende Angestellte ist nicht mitbestimmungspflichtig. Das gilt auch für die Anordnung von Mehrarbeit für sogenannte Tendenzträger, z. B. Redakteure einer Tageszeitung. **342**

Auch die Anordnung von Mehrarbeit für einen einzelnen Arbeitnehmer kann mitbestimmungspflichtig sein. Entscheidend ist, ob die Anlässe für die Mehrarbeit immer wieder auftreten, insofern für den Betrieb in gewisser Weise typisch sind und sich daher ein vorhersehbares „Regelungsproblem“ ergibt. Dies wurde entschieden für immer wieder auftretende **343** technische Störungen an den Betriebsanlagen, aber auch für in bestimmten Abständen erforderliche Mehrarbeit in einer EDV-Abteilung.[21]

344 *Hinweis:* Das Mitbestimmungsrecht entfällt nicht, wenn Mitarbeiter aus eigenem Entschluß freiwillig länger arbeiten, selbst dann nicht, wenn der Arbeitgeber die Mehrarbeit nicht ausdrücklich angeordnet hat, sondern nur davon weiß und sie duldet.[22] Die Freiwilligkeit der Übernahme von Mehrarbeit ist die Regel. Der Betriebsrat wird stets danach fragen, ob die betroffenen Arbeitnehmer bereit sind, Mehrarbeit zu leisten. Sind sie das, so erleichtert dies dem Betriebsrat die Zustimmung.

4. Fragen der betrieblichen Lohngestaltung

345 Der Betriebsrat hat mitzubestimmen bei Fragen der betrieblichen Lohngestaltung, insbesondere der Aufstellung von Entlohnungsgrundsätzen und der Einführung und Anwendung von neuen Entlohnungsmethoden sowie deren Änderung (§ 87 Abs. 1 Ziff. 10). *Zur Erinnerung:* Dies gilt nur, soweit tarifliche Regelungen nicht bestehen.

346 Lohngestaltung ist gegenüber Entlohnungsgrundsatz und Entlohnungsmethode der Oberbegriff. Er umfaßt alle kollektiven Entlohnungsregelungen.

347 Unter Entlohnungsgrundsatz versteht man das System, nach dem das Arbeitsentgelt gezahlt werden soll, z.B. Zeitlohn, Akkordlohn, Prämienlohn und seine Ausformung. Unter Entlohnungsmethode ist die Art und Weise der Durchführung des gewählten Entlohnungssystems zu verstehen. Hierher gehört z.B. beim Prämienlohn als einer Form des Leistungslohns die Frage, nach welchem Verfahren gearbeitet und nach welchen Kriterien die Höhe der Prämien festgelegt wird.

348 Der Begriff Lohn umfaßt i.S. von Arbeitsentgelt alle Formen der Vergütung für geleistete Arbeit, also auch Gehalt, Provision, alle Formen von Zulagen und Zuschlägen, Sonderzah-

21 BAG vom 22.2.1983, BB 1983 S. 1724.
22 BAG vom 27.11.1990, BB 1991 S. 548.

lungen bis hin zur betrieblichen Altersversorgung durch Direktzusagen.

Bei freiwilligen Leistungen des Arbeitgebers, also Leistungen, auf die ein Rechtsanspruch nicht besteht, hat der Betriebsrat ein eingeschränktes Mitbestimmungsrecht. Er bestimmt nicht mit, ob und in welchem Umfang eine solche (freiwillige!) Leistung, z. B. die einmalige Zahlung einer Prämie bei einem Firmenjubiläum, erbracht wird. Er bestimmt aber mit, wie der ausgesetzte Geldbetrag auf die einzelnen Arbeitnehmer verteilt wird. Dabei kann der Arbeitgeber wiederum einseitig den Personenkreis vorgeben, den er berücksichtigen will, z. B. die Arbeitsjubilare. **349**

Freiwillige unter Widerrufsvorbehalt gewährte wiederkehrende Leistungen kann der Arbeitgeber ohne Mitwirkung des Betriebsrats widerrufen. Will er sie aber nach anderen Grundsätzen weitergewähren, so bestimmt der Betriebsrat über diese Änderungen mit. **350**

Für die Mitbestimmungsrechte nach den Ziffern 10 und 11 gelten folgende gemeinsame Grenzen: **351**

- Das Mitbestimmungsrecht wird nur wirksam, wo gesetzliche oder tarifliche Regelungen nicht bestehen. Das Bestehen von Tarifverträgen für die meisten Betriebe nimmt der Vorschrift viel an praktischer Bedeutung.
- Das Mitbestimmungsrecht bezieht sich nicht auf die Höhe von Lohn und Gehalt des einzelnen Arbeitnehmers.
- Der Betriebsrat hat ein eingeschränktes Initiativrecht. Es darf sich nicht auf eine lohnpolitische Entscheidung beziehen, z. B. auf die Entscheidung, ob vom Zeitlohn auf Leistungslohn übergegangen werden soll (s. nachfolgend die Beispiele 1 und 3).

So eingegrenzt, bezieht sich die Mitbestimmung auf die Feststellung abstrakt-genereller, also kollektiver Grundsätze zur Lohnfindung. Es handelt sich also um die Strukturform des Arbeitsentgelts einschließlich ihrer näheren Vollziehungsformen. Dazu gehören die Frage, ob ein Gehaltsfixum und/oder Provision gezahlt werden, die Arten der Provisionen, das Verhältnis der Provision zum Lohnfixum sowie das Verhältnis der Provisionen zueinander. **352**

353 Inhalt und Grenzen der Mitbestimmung werden nachfolgend an Beispielen erläutert.

354 *Beispiel 1:* Im Betrieb X besteht für die gewerblichen Arbeitnehmer kein Leistungslohn-System. Der Arbeitgeber will Prämien einführen. Der Betriebsrat bestimmt mit bei der Festsetzung der Prämienordnung einschließlich der Höhe der Prämien (Ziff. 11). Der Betriebsrat hat aber kein Initiativrecht in der Frage, ob überhaupt ein Prämiensystem eingeführt wird. Besteht aber ein Prämiensystem bereits, so kann der Betriebsrat die Initiative ergreifen, um Änderungen durchzusetzen einschließlich der Höhe der Prämien.

355 *Beispiel 2:* Der Arbeitgeber will die Zumessung von übertariflichen Zulagen[23] generell regeln, die bisher unter Leistungsgesichtspunkten nach dem Ermessen der Vorgesetzten festgesetzt wurden (sog. Leistungszulagen). Der Betriebsrat bestimmt mit bei der Festlegung der Zumessungskriterien. Bei der Festlegung der einzelnen Leistungszulage hat der Betriebsrat kein Mitbestimmungsrecht (Ziff. 10).

356 *Beispiel 3:* Ein Arbeitgeber will für den Bereich der außertariflichen Angestellten[24] eine betriebliche Gehaltsordnung einführen. Mitbestimmungspflichtig sind die abstrakten Beschreibungen der einzelnen Gehaltsgruppen, die Bewertungsgrundsätze und z. B. ein Punktesystem.

Mitbestimmungsfrei ist die Festsetzung der Höhe der Gehälter in den einzelnen „AT-Gruppen" und des Wertunterschieds zwischen der letzten Tarifgruppe und dem Beginn des „AT-Bereichs".[25]

357 *Beispiele 4 und 5:* Teil des Arbeitsentgelts ist alles, was ein Arbeitnehmer mit Rücksicht auf seine Arbeitsleistung erhält. Dazu können auch Mietzuschüsse und die Bezahlung von Fahrtkosten bei getrennter Haushaltsführung gehören. Die Ausgestaltung ihrer Bezugsbedingungen ist mitbestimmungspflichtig.

---

23 Übertarifliche Zulage ist der Differenzbetrag von Tarifentgelt einer bestimmten Tarifgruppe und dem effektiven monatlichen oder stündlichen Entgelt, s. auch Randnr. 362.

24 Zum Begriff „außertariflich" vgl. Randnr. 58.

25 BAG vom 22. 1. 1980, BB 1982 S. 432 und BAG vom 21. 8. 1990, NZA 1991 S. 434.

Der Erlaß einer Dienstreisenordnung dagegen ist nicht mitbestimmungspflichtig, da die Erstattung von Reisekosten Aufwendungsersatz, nicht aber Lohn ist.[26] 358

Die Mitbestimmung des Betriebsrats erstreckt sich auch auf die betriebliche Altersversorgung, wenn diese durch generelle Direktzusagen oder Versicherungen gewährt wird. Das Bundesarbeitsgericht hat dazu festgelegt, daß der Arbeitgeber bei Entscheidungen dazu aber in vierfacher Beziehung frei sei: Ob er finanzielle Mittel zur betrieblichen Altersversorgung zur Verfügung stellen will, in welchem Umfang er das tun will (Dotierungsrahmen), welche Versorgungsformen der Arbeitgeber wählen und welchen Arbeitnehmerkreis er versorgen will.[27] 359

Der Mitbestimmung des Betriebsrats unterliegt insbesondere die Gestaltung des „Leistungsplanes" im Rahmen der vom Arbeitgeber vorgegebenen Dotierung. Hier hat der Betriebsrat auch ein Initiativrecht. Will er aber eine Änderung des Leistungsplanes erreichen, muß er konstruktiv darlegen, wie dabei der vom Arbeitgeber vorgegebene Dotierungsrahmen gewahrt werden kann. 360

Spezial: Mitbestimmung des Betriebsrats und übertarifliche Zulagen

Zwei Feststellungen des BAG eröffnen dem Betriebsrat ein Mitbestimmungsrecht bei der Festsetzung und bei der Anrechnung übertariflicher Zulagen. 361

Hinweis: Unter übertariflicher Zulage versteht man den Differenzbetrag zwischen dem Tariflohn/Tarifgehalt und dem Effektivlohn/-gehalt oder Vereinbarungslohn/-gehalt. Wenn dieser Differenzbetrag neutral ohne nähere Qualifizierung gewährt wird, ist er auf zukünftige Tariferhöhungen anrechenbar, wenn die Anrechenbarkeit vertraglich vereinbart ist. Der Arbeitgeber hatte bis zum Urteil des GS des BAG aus dem Jahre 1991[28] die Möglichkeit, ohne Mitbestimmung des Betriebsrats bei einer allgemeinen „Lohn- und Gehaltsrunde" 362

---

26 BAG vom 8.12.1981, BB 1982 S. 989.
27 BAG vom 12.6.1975, BB 1975 S. 1062.
28 BAG/GS vom 3.12.1991, BB 1992 S. 1418.

anläßlich einer Tariferhöhung diese weiterzugeben oder ganz oder teilweise auf die übertarifliche Zulage anzurechnen.

Diese Vorgehensweise bedarf nun der Mitbestimmung wegen der erwähnten zwei grundlegenden Feststellungen des GS des BAG, nämlich:

363 1. Der Tarifvorbehalt des § 87 Abs. 1 schließt die Mitbestimmung des Betriebsrats nur dann aus, wenn eine inhaltliche und abschließende Regelung besteht. Dies sei nicht der Fall, wenn der Arbeitgeber über das tarifliche Mindestentgelt hinaus übertarifliche Zulagen gewährt.

364 2. Rechnet der Arbeitgeber übertarifliche Zulagen an, so ändere er dadurch für den übertariflichen Bereich die Verteilungsgrundsätze. Dies sei mitbestimmungspflichtig, wenn für eine anderweitige Anrechnung bzw. Kürzung ein Regelungsspielraum verbleibt.

365 Bei seiner Feststellung zu 2 unterstellt also der GS des BAG, daß jeder Arbeitgeber zwei Entscheidungen trifft, nämlich

a) welche Summe an Arbeitsentgelt er überhaupt als übertarifliches Entgelt zur Verfügung stellt und vor allem
b) nach welchen Grundsätzen („Verteilungsgrundsätze“) er diese auf die einzelnen Arbeitnehmer verteilt.

366 Der Betriebsrat soll nun gem. § 87 Ziff. 10 ein Mitbestimmungsrecht bei der Festlegung dieser Verteilungsgrundsätze haben. Dieses Mitbestimmungsrecht wird bei jeder Umsetzung einer Tariflohnerhöhung aktiviert, weil unterstellt wird, daß sich die Verteilungsgrundsätze ändern und Spielräume bestehen, es auch „anders“ zu machen.

367 Diese Rechtsprechung ist auf heftige Kritik gestoßen und ist auch weiterhin umstritten. Sie ist in der Tat im Kern verfehlt. Warum? Eine Lohn- und Gehaltsstruktur, in diesem Fall also das Verhältnis von Tarifentgelt und übertariflichen Zulagen ist das Ergebnis der tatsächlichen Entwicklung des Arbeitsentgelts aufgrund von individuellen Beurteilungen der Leistungen von Arbeitnehmern durch die vom Arbeitgeber dazu ermächtigten Vorgesetzten. Es ist eine willkürliche Unterstellung, einer De-fakto-Gehaltsstruktur am Tage X – dem Tag der Anrechnung – eine bewußte Entscheidung oder Bestimmung des Arbeitgebers i.S. von Verteilungsgrundsätzen zugrunde zu legen. Ohne diese Fiktion einer „Bestimmung" des Arbeitgebers aber haben wir keinen Ansatz für eine „Mitbestimmung" durch den Betriebsrat.

In der Praxis müssen wir uns mit dieser Entscheidung befassen. Ihr sind noch andere BAG-Entscheidungen gefolgt, und die Rechtsprechung ist weiter im Fluß.

Mitbestimmungsfrei bleibt eine vollständige oder gleichmä- **368**
ßige Anrechnung der Tariferhöhung.

Beispiel:

Eine Erhöhung um 2% führt bei den unterschiedlichen Tarifentgelten zu unterschiedlichen Tariferhöhungsbeträgen. Der Arbeitgeber entscheidet, die Tariferhöhung vollständig auf alle Zulagen anzurechnen. Damit gibt es keinen Regelungsspielraum für Mitbestimmung.

Dies gilt auch, wenn 50% der Tariferhöhung, also 1%, in dieser Weise vollständig und gleichmäßig angerechnet werden.

Das Mitbestimmungsrecht bezieht sich nur auf kollektive Tatbestände. Ein solcher ist nicht gegeben, wenn eine Anrechnung bei einem einzelnen Arbeitnehmer deshalb erfolgt, weil er auf einen niedriger bewerteten Arbeitsplatz umgesetzt wurde, dort aber die bisherige Vergütung behielt.

Wird die Tariflohnerhöhung aus Leistungsgründen bei einigen **369**
Arbeitnehmern angerechnet und bei anderen nicht, so ist dies ein mitbestimmungspflichtiger kollektiver Tatbestand.[29]

5. Betriebliche Sozialeinrichtungen

Der Betriebsrat hat ein Mitbestimmungsrecht bei der Form, **370**
der Ausgestaltung und der Verwaltung von Sozialeinrichtungen, deren Wirkungsbereich auf den Betrieb, das Unternehmen oder den Konzern beschränkt ist (§ 87 Abs. 1 Ziff. 8).

Eine Sozialeinrichtung setzt voraus, daß etwas vorhanden ist, was verwaltet werden kann. Dazu gehört ein abgesonderter Teil konkreter Mittel mit einer gewissen eigenen Organisa-

29 BAG vom 22.7.1992, BB 1993 S. 726.

tion. Eine Sozialeinrichtung ist also eine Einrichtung, die Sozialleistungen mit Hilfe eines zweckgebundenen Sondervermögens und eigener Organisation erbringt und verwaltet.

371 Als Sozialeinrichtungen kommen in Betracht: Werkskantinen, Sportplätze, Kinder- und Erholungsheime und Betriebskindergärten. Dazu zählen ferner Einrichtungen der Altersversorgung mit einem zweckgebundenen Sondervermögen, z. B. Pensionskassen und Unterstützungskassen.

Sozialeinrichtungen sind auch Werkswohnungen und Heime. Hier richtet sich die Mitbestimmung des Betriebsrats nach dem besonderen Tatbestand der Ziff. 9.

372 Keine Sozialeinrichtungen sind: der verbilligte Bezug von Waren, Betriebsausflüge und -feiern, auch alle freiwilligen Sozialleistungen wie die Vergabe von Arbeitgeberdarlehen an bauwillige Arbeitnehmer und der Abschluß einer Unfallversicherung für bestimmte Gruppen von Arbeitnehmern.

373 Das Mitbestimmungsrecht bezieht sich nicht auf die Errichtung einer Sozialeinrichtung. Der Betriebsrat könnte sonst über die Einigungsstelle Investitionen des Arbeitgebers herbeiführen. Die Mitbestimmung bezieht sich auch nicht auf die finanzielle Grundausstattung (Dotierung) der Sozialeinrichtung. Wohl aber bezieht sie sich auf die Verteilung der Mittel innerhalb des gesetzten finanziellen Rahmens.

Beispiel:

374 Der Arbeitgeber ist in seiner Entscheidung frei, ob er eine Werkskantine einrichten will oder nicht. Will er sie einrichten, so ist er in der Festsetzung des Dotierungsrahmens frei, er kann also z. B. im Jahresetat eine Summe von DM 500 000 dafür einsetzen. Durch diese Summe werden ein Zuschuß zum Kantinenessen und die notwendigen Personal- und Raumkosten abgedeckt. Der Betriebsrat kann nun mitbestimmen bei der Einrichtung der Kantine bis hin zur Auswahl der Möbel. Er kann über den Speiseplan mitbestimmen, also darüber, ob ein besonders preiswertes Stammessen angeboten wird oder ob Subventionen des Arbeitgebers sich gleichmäßig auf mehrere alternativ angebotene Essen verteilen sollen etc. Die Mitbestimmung bezieht sich auch auf die Höhe des von den Arbeitnehmern zu zahlenden Essenpreises und seine späteren Erhöhungen.

6. Urlaubsfragen

Der Betriebsrat hat ein Mitbestimmungsrecht bei der Aufstellung allgemeiner Urlaubsgrundsätze und des Urlaubsplanes. Bei der Festsetzung der zeitlichen Lage des Urlaubs für einzelne Arbeitnehmer bestimmt er mit, wenn zwischen dem Arbeitgeber und den beteiligten Arbeitnehmern kein Einverständnis erzielt wird (§ 87 Abs. 1 Ziff. 5). **375**

Die erste mitbestimmungspflichtige Angelegenheit ist also die Aufstellung allgemeiner Urlaubsgrundsätze. Dies sind Richtlinien, nach denen Arbeitnehmern vom Arbeitgeber Urlaub zu geben ist. Nach geltendem Urlaubsrecht legt der Arbeitgeber den Urlaub fest (§ 7 Abs. 1 BUrlG). Er muß bei der zeitlichen Lage des Urlaubs die Wünsche des Arbeitnehmers berücksichtigen. Der Urlaubswunsch des Arbeitnehmers muß wiederum zurücktreten, wenn dringende betriebliche Erfordernisse vorliegen. Urlaubsgrundsätze können nun richtlinienartig vorgeben, wann ein dringendes betriebliches Erfordernis gegeben ist, sie können Merkmale der Interessenabwägung zwischen den Urlaubswünschen und den betrieblichen Erfordernissen formulieren, und sie können Regelungen treffen, wie bei konkurrierenden Urlaubswünschen bestimmter Gruppen von Arbeitnehmern zu verfahren ist. **376**

Beispiel:

Urlaubsgrundsätze können festlegen, daß Arbeitnehmer mit schulpflichtigen Kindern ihren Urlaub während der Schulferien mit Vorrang vor Arbeitnehmern ohne schulpflichtige Kinder nehmen können. Sie könnten regeln, in welchen Ausnahmefällen Urlaub auf das I. Quartal des nächsten Kalenderjahres übertragen werden kann (s. § 7 Abs. 3 BUrlG), könnten zusätzliche Urlaubstage vorsehen, z. B. **377**

- für Gastarbeiter, wenn sie ihren entfernten Heimatort besuchen wollen, oder

- generell, wenn der Urlaub außerhalb der Saison genommen wird.

Wichtig wäre auch die Festlegung, wieviel Urlaub pro Kalenderjahr zusammenhängend genommen werden muß und in welchen Fällen Urlaub „abgebummelt" werden darf. Die gesetzliche Vorgabe, wonach 12 Urlaubstage im Jahr zusammenhängend zu nehmen sind, ist dabei zu berücksichtigen (§ 7 Abs. 2 BUrlG).

378 Der zweite mitbestimmungspflichtige Tatbestand ist die Festlegung des Urlaubsplans. Dies ist ein Unterfall der Urlaubsgrundsätze, denn der Urlaubsplan legt fest, wann die Arbeitnehmer im Laufe des Kalenderjahres Urlaub erhalten.

Beispiel:

379 Inhalt eines Urlaubsplans könnte sein:

- die Festlegung von Betriebsferien oder
- die Auswahl der Arbeitnehmer, die in wichtigen Betriebsteilen unter Berücksichtigung der Krankheitsquote höchstens gleichzeitig in Urlaub gehen können und
- die Regelung von Urlaubsvertretungen.

380 Das Mitbestimmungsrecht des Betriebsrats erstreckt sich nicht auf die Festlegung des Urlaubs für einzelne Arbeitnehmer. Die Auslegung einer Urlaubsliste, in die Urlaubswünsche eingetragen werden sollen, ist noch kein Urlaubsplan und daher nicht mitbestimmungspflichtig. Die Urlaubsliste ist für den Arbeitgeber nur ein Mittel der Information über die Urlaubswünsche der Arbeitnehmer. Ein mitbestimmungspflichtiger Tatbestand liegt auch nicht vor, wenn der Arbeitgeber die Vorgesetzten im Zusammenhang mit der Aufstellung der Urlaubsliste anweist, „ohne Zwang" darauf hinzuwirken, daß die Arbeitnehmer ihren Urlaub möglichst zu bestimmten Zeiten nehmen.[30]

381 Der dritte mitbestimmungspflichtige Tatbestand ist nach dem Gesetzestext gegeben, wenn zwischen dem Arbeitgeber und einzelnen Arbeitnehmern kein Einverständnis über die zeitliche Lage des Urlaubs zu erzielen ist. Dies widerspricht dem

30 LAG Hamm vom 19.8.1977, DB 1977 S. 2191.

Grundsatz, daß das Mitbestimmungsrecht des Betriebsrats sich nur auf Kollektivmaßnahmen erstreckt. Deshalb können sich Arbeitgeber und Betriebsrat nicht über die zeitliche Lage des Urlaubs eines einzelnen Arbeitnehmers einigen. Der Arbeitgeber ist an das Gebot der Wunschberücksichtigung gemäß § 7 BUrlG gebunden. Er hat nur einen sehr engen Beurteilungsspielraum bei der Festlegung des Urlaubs. Deshalb läuft das Mitbestimmungsrecht des Betriebsrats auf ein Mitbeurteilungsrecht für die Frage hinaus, ob der Arbeitgeber den Urlaub für den einzelnen Arbeitnehmer nach § 7 BUrlG rechtmäßig festgelegt hat. Diese Kontrolle der Rechtmäßigkeit einer Entscheidung des Arbeitgebers hat der Betriebsrat auch gemäß § 80 Abs. 1 Ziff. 1 BetrVG.

Beispiel:

Der Arbeitnehmer möchte seinen Urlaub in den Schulferien 382
seiner Kinder und in der Hauptreisezeit im Sommer nehmen. Der Arbeitgeber ist damit nicht einverstanden und möchte den Urlaub bereits im Frühjahr z. Z. der Osterferien der Kinder erteilen. Dann kann der Betriebsrat sich vermittelnd bei der Beurteilung der Frage einschalten, ob der Arbeitgeber die Grundsätze von § 7 BUrlG berücksichtigt hat oder nicht. Nicht aber können sich Arbeitgeber und Betriebsrat darauf einigen, daß der Arbeitnehmer seine Ferien im Herbst zu nehmen hat.

7. Betriebsvereinbarungen

Die Betriebsvereinbarung ist das Mittel, mit dem Arbeitgeber 383
und Betriebsrat Mitbestimmungsrechte verbindlich regeln können. Sie ist ein Vertrag zwischen den Betriebspartnern. Er entfaltet Wirkungen zwischen den Vertragspartnern und für die betroffenen Arbeitnehmer (§ 77).

Betriebsvereinbarungen bedürfen der Schriftform. Sie sind von beiden Seiten zu unterschreiben und im Betrieb auszulegen (§ 77 Abs. 2).

Betriebsvereinbarungen gelten unmittelbar und zwingend, 384
d. h., alle Arbeitnehmer, die vom Betriebsrat repräsentiert werden, sind daran gebunden (§ 77 Abs. 4).

Betriebsvereinbarungen können mit einer Frist von 3 Monaten gekündigt werden, gelten aber in Mitbestimmungsangelegenheiten weiter, bis sie durch eine andere Abmachung ersetzt werden (§ 77 Abs. 5 und 6).

385 Das Verhältnis von Betriebsvereinbarung und Tarifvertrag (§ 77 Abs. 3) ist in Kapitel III 1[31] abgehandelt worden.

7.1 Betriebsvereinbarung und Arbeitsvertrag

386 Durch eine Betriebsvereinbarung kann der Inhalt eines Arbeitsvertrages nicht geändert werden.

Beispiel:

387 Bestimmte betriebliche Sozialleistungen sind einheitlich in den Arbeitsverträgen oder durch eine Gesamtzusage oder durch eine betriebliche Übung geregelt, z.B. Sonderurlaub, Jubiläumsgelder, übertarifliche Einmalzahlungen. Jetzt wird diese Materie durch eine Betriebsvereinbarung geregelt. Die arbeitsvertragliche Regelung bleibt bestehen. Sie wird durch die Betriebsvereinbarung nicht „abgelöst“. Ist der Arbeitsvertrag günstiger, so gelten seine Normen unmittelbar. Ist die Betriebsvereinbarung günstiger, so verdrängt sie den Arbeitsvertrag nur für die Dauer ihrer Wirkung.[32]

388 Eine Betriebsvereinbarung kann aber unter bestimmten Bedingungen in einen Arbeitsvertrag eingreifen und dort getroffene Vereinbarungen „ablösen“, und zwar auch ungünstiger gestalten. Dies hat das BAG für betriebliche Sozialleistungen dann für zulässig gehalten, wenn die Neuregelung insgesamt bei kollektiver Betrachtung nicht ungünstiger ist.[33]

389 Die nachfolgende – ablösende oder umstrukturierende Betriebsvereinbarung – darf aber auch insgesamt ungünstiger sein. Das ist zulässig, wenn der Arbeitgeber die Verschlechterung auch einzelvertraglich vornehmen könnte.

31 Vgl. Randnr. 291 f.

32 BAG vom 21.9.1989, BB 1990, S. 994.

33 BAG/GS vom 16.9.1986, BB 1987 S. 265.

Beispiel 1:

Der Arbeitgeber zahlt ein höheres Urlaubsgeld als tariflich vorgesehen. Der übertarifliche Anteil wird in den Arbeitsverträgen als „freiwillige, jederzeit widerrufliche betriebliche Sozialleistung“ bezeichnet. Das Urlaubsgeld ist neben anderen betrieblichen Sozialleistungen Teil einer Betriebsvereinbarung. Eine nachfolgende Betriebsvereinbarung könnte das übertarifliche Urlaubsgeld rechtswirksam vermindern oder zum Fortfall kommen lassen. **390**

Beispiel 2:

Ein Widerrufsvorbehalt fehlt in den Arbeitsverträgen. Dann könnte die nachfolgende Betriebsvereinbarung das übertarifliche Urlaubsgeld nur wirksam vermindern, wenn ein Ausgleich durch die Erhöhung anderer Sozialleistungen vereinbart würde. **391**

7.2 Regelungsabrede

Vereinbarungen zwischen Arbeitgeber und Betriebsrat können auch durch sog. „Regelungsabreden“ getroffen werden. Inhalt derartiger Abreden sind die Regelung von Verfahren und Vorgehensweisen, die Art und Weise der Ausübung von Mitwirkungsrechten und der Umgang der Betriebspartner miteinander. **392**

Beispiele:

- Form, Inhalt, Ort und Dauer innerbetrieblicher Stellenausschreibungen;
- Anzahl, Zeitpunkt, Ort, Dauer von Betriebsversammlungen;
- Vereinbarungen über den Sachaufwand, Räume, Personalausstattung des Betriebsrats (§ 40).

Die Regelungsabrede bedarf keiner Form. Sie wird aber meist schriftlich fixiert, oft in der Form eines Briefwechsels. Sie gilt nur zwischen Arbeitgeber und Betriebsrat, entfaltet also keine normative Wirkung. Deshalb kann sie auch keine Betriebsvereinbarung ablösen. **393**

7.3 Die Durchführung von Betriebsvereinbarungen

394 In § 77 Abs. 1 heißt es: „Vereinbarungen zwischen Betriebsrat und Arbeitgeber, auch soweit sie auf einem Spruch der Einigungsstelle beruhen, führt der Arbeitgeber durch, es sei denn, daß im Einzelfall etwas anderes vereinbart wurde. Der Betriebsrat darf nicht durch einseitige Handlungen in die Leitung des Betriebs eingreifen."

395 Hier wird beispielhaft deutlich, wie das BetrVG allgemein und grundsätzlich die Rolle von Arbeitgeber und Betriebsrat sieht. Nur der Arbeitgeber kann und darf anordnen und ausführen oder ausführen lassen. Nur ihm stehen das Verfügungsrecht über Sachen, das Hausrecht und das Weisungsrecht gegenüber Arbeitnehmern zur Verfügung.

396 Der Betriebsrat kann kontrollieren, mitwirken und mitgestalten, auch mitentscheiden, aber nicht ausführen und umsetzen.

8. Die Einigungsstelle

397 Kommt eine Einigung über eine Angelegenheit nach § 87 Abs. 1 nicht zustande, so entscheidet die Einigungsstelle. Der Spruch der Einigungsstelle ersetzt die Einigung zwischen Arbeitgeber und Betriebsrat (§ 87 Abs. 2).

Verhandeln Arbeitgeber und Betriebsrat in einer mitbestimmungspflichtigen Angelegenheit und wird eine Einigung nicht erzielt, so liegt es nicht im Belieben einer Seite, diese Angelegenheit auf sich beruhen zu lassen. Wird man sich nicht einig, so kann jede Seite beantragen, daß der Fall der Einigungsstelle vorgelegt wird.

398 Die Einigungsstelle wird von Fall zu Fall gebildet. Arbeitgeber und Betriebsrat können aber auch die Einrichtung einer ständigen Einigungsstelle vereinbaren. Die Einigungsstelle besteht aus einer Anzahl von Beisitzern, die zu gleichen Teilen von Arbeitgeber und Betriebsrat bestellt werden, und aus einem unparteiischen Vorsitzenden. Die Beisitzer müssen nicht Angehörige des Betriebs sein. Über die Anzahl der Beisitzer sagt das Gesetz nichts. Einigen sich Arbeitgeber und

Betriebsrat nicht auf die Anzahl der Beisitzer, entscheidet das Arbeitsgericht (§ 76 Abs. 2).

Die Einigungsstelle faßt ihre Beschlüsse nach mündlicher 399
Beratung mit Stimmenmehrheit. Der Vorsitzende enthält sich zunächst der Stimme. Kommt eine Stimmenmehrheit nicht zustande, so gibt die Stimme des Vorsitzenden nach erneuter Beratung den Ausschlag (§ 76 Abs. 3). Der Vorsitzende hat also eine Schlüsselfunktion. Deshalb gelingt es den Parteien häufig nicht, sich auf ihn zu einigen. In diesen Fällen wird er durch das Arbeitsgericht bestellt. Das Arbeitsgericht hat dabei auf Neutralität und Sachverstand zu achten.

Rechtsstreitigkeiten, z. B. Ansprüche einzelner Arbeitnehmer 400
aus dem Arbeitsverhältnis, können nicht von der Einigungsstelle entschieden werden. Die Einigungsstelle ist auch nicht zuständig für die Frage, ob und in welchem Umfang in einer bestimmten Angelegenheit ein Mitbestimmungsrecht des Betriebsrats besteht. In beiden Fällen entscheiden die Arbeitsgerichte.

Die Einigungsstelle entscheidet verbindlich. Sie hat die Be- 401
lange des Betriebs und der betroffenen Arbeitnehmer angemessen zu berücksichtigen. Entscheidungen der Einigungsstelle sind begrenzt nachprüfbar. Das Arbeitsgericht kann nur prüfen, ob die Einigungsstelle die Grenzen des Ermessens überschritten hat oder ob ihr Spruch gegen zwingendes Recht verstößt.

Der § 76 a regelt die Kosten der Einigungsstelle.

IV. Die Mitwirkungs- und Beschwerderechte des Arbeitnehmers

402 Das BetrVG verpflichtet den Arbeitgeber zur Unterrichtung des Arbeitnehmers in im einzelnen beschriebenen Fällen. Es gibt dem Arbeitnehmer selbst Mitwirkungs- und Beschwerderechte. Die Rechte und Pflichten lesen sich wie Grundsätze kooperativen Führungsstils. Sie sind Ausdruck moderner Personalpolitik und wurden schon vor der gesetzlichen Regelung in vielen Betrieben praktiziert.

Im einzelnen handelt es sich um

- die Unterrichtungspflicht des Arbeitgebers,
- das Anhörungs- und Erörterungsrecht des Arbeitnehmers,
- das Einsichtsrecht in die Personalakte und
- das Beschwerderecht.

1. Unterrichtungspflicht des Arbeitgebers (§ 81)

403 Der Arbeitgeber ist verpflichtet, einen neuen Arbeitnehmer über dessen Aufgaben und Verantwortung, über die Art seiner Tätigkeit und die Einordnung in den Arbeitsablauf zu unterrichten. Hiermit eng verbunden ist die Information über Unfallverhütung. Beispielsweise sind dem Arbeitnehmer Einrichtungen, Werkzeuge, Maschinen und Geräte zu erklären, mit denen er arbeiten soll. Er muß auch die mit seiner Aufgabe verbundene Verantwortung, z.B. für Maschinen und Einrichtungen und für die Qualität der Erzeugnisse, kennen.

Ferner sollten dem Arbeitnehmer Hinweise gegeben werden, die ihm helfen, sich im Betrieb einzuleben und mit den anderen Arbeitnehmern Kontakt zu finden. Der Arbeitnehmer muß wissen, mit wem er in der Arbeitsgruppe zusammenarbeitet, an wen er sich wenden kann, wenn er Rat braucht, und wer seine nächsten Vorgesetzten sind. Der Vorgesetzte soll den Arbeitnehmer ferner darüber informieren, was der Betrieb herstellt und wie seine Arbeit mit dem Arbeitsablauf des Betriebes zusammenhängt.

Soweit nicht von der Aufgabe her eine schriftliche Information des Arbeitnehmers notwendig ist, genügt eine mündliche Unterrichtung. Sie wird bei Beginn der Arbeitsaufnahme nicht immer vollständig sein, denn oft ist es sinnvoller, sie Schritt für Schritt in der Einarbeitungszeit vorzunehmen, beispielsweise bei Tätigkeiten, die einen größeren Überblick über bestehende Zusammenhänge erfordern.

Unfallverhütung

Besondere Pflicht aller Vorgesetzten ist es, die Arbeitnehmer über Unfall- und Gesundheitsgefahren sowie über die Sicherheitsmaßnahmen am Arbeitsplatz zu unterrichten und sie auf die Unfallverhütungsvorschriften hinzuweisen. Über etwaige Unfall- und Gesundheitsgefahren, über die Verwendung von Schutzbrillen, Sicherheitsschuhen u. ä. muß bereits vor der Arbeitsaufnahme informiert werden. An besonders gefährdeten Arbeitsplätzen ist der Arbeitnehmer wiederholt zu unterrichten.[1] **404**

Da Jugendliche und ausländische Arbeitnehmer erfahrungsgemäß besonders unfallgefährdet sind, sollten sie besonders eindringlich auf Gefahren hingewiesen werden.

Veränderungen im Arbeitsbereich allgemein (§ 81 Abs. 2)

Die gleiche Unterrichtung ist notwendig, wenn einem Arbeitnehmer eine neue Aufgabe übertragen wird, die mit neuer Verantwortung, möglicherweise auch anderen Unfallgefahren verbunden ist. Das gilt auch für Veränderungen am selben Arbeitsplatz, wenn sich für Arbeitsaufgabe und Verantwortung neue Gesichtspunkte ergeben oder wesentliche Umstellungen vorgenommen werden, durch die neue Unfall- und Gesundheitsgefahren entstehen können. **405**

Bei Arbeitnehmern mit ständig wechselndem Arbeitsplatz, z. B. auf Baustellen und bei der Betriebsinstandhaltung, ist auf die Belehrung über mögliche Unfallgefahren besonders zu achten. Die Unterrichtung über Aufgabe, Verantwortung,

---

1 S. dazu auch ArbSchG vom 7. 8. 1996 – BGBl. I S. 1246 – § 12: Pflicht des Arbeitgebers zur Unterweisung der Beschäftigten über Sicherheit und Gesundheitsschutz.

Art der Tätigkeit und ihre Einordnung in den Arbeitsablauf vor Aufnahme der Tätigkeit und in der Einarbeitungszeit muß so gestaltet sein, daß den wechselnden Anforderungen Rechnung getragen wird.

Veränderte Arbeitsanforderungen (§ 81 Abs. 4)

406 Plant der Arbeitgeber technische Anlagen, Arbeitsverfahren, Arbeitsabläufe, die Arbeitsplätze verändern werden, so hat er die davon betroffenen Arbeitnehmer darüber und über die Auswirkungen auf die Arbeitsplätze zu unterrichten. Diese Verpflichtung ist derjenigen nachgebildet, die der Arbeitgeber gem. § 90 gegenüber dem Betriebsrat hat.[2]

Steht außerdem fest, daß die beruflichen Kenntnisse und Fähigkeiten des Arbeitnehmers zur Erfüllung der sich ändernden Arbeitsaufgabe nicht ausreichen, so hat der Arbeitgeber mit dem Arbeitnehmer den erforderlichen Anpassungsprozeß zu erörtern. Der Arbeitnehmer kann zu diesem Gespräch ein Mitglied des Betriebsrats hinzuziehen.

Beispiel:

407 Ein Arbeitsplatz soll mit einem Personalcomputer ausgerüstet werden. Der Vorgesetzte muß mit dem betroffenen Arbeitnehmer die notwendigen Schulungsmaßnahmen besprechen und Maßnahmen festlegen, die den Mitarbeiter befähigen, den PC zu bedienen.

Hinweis: Durch die detaillierte und rechtzeitige Unterrichtungs- und Erörterungspflicht bei Einführung „neuer Techniken" soll möglichen personenbedingten Kündigungen vorgebeugt werden. Der Arbeitnehmer muß die Chance der Anpassung an die veränderten Arbeitsumstände erhalten, d. h. auch, er muß weiterbeschäftigt werden, bis er sich die neuen Kenntnisse und Fähigkeiten angeeignet hat. Die Weiterbeschäftigungspflicht wird eingeschränkt durch den „Rahmen der betrieblichen Möglichkeiten" (§ 81 Abs. 4 Satz 2) und die Zumutbarkeit der Umschulungsmaßnahmen für den Arbeitgeber. Außerdem müssen Bereitschaft und Fähigkeit des Arbeitnehmers zur Anpassung und Weiterentwicklung gegeben sein.

---

2 Vgl. dazu Randnr. 422 f.

2. Anhörungs- und Erörterungsrecht (§ 82)

Das Anhörungs- und Erörterungsrecht soll dem Arbeitnehmer **408** die Möglichkeit geben, zu betrieblichen Angelegenheiten und zu Maßnahmen, die seine Person betreffen, seine Meinung zu äußern. Hierbei kann es sich sowohl um allgemeine betriebliche Angelegenheiten wie Kantine, Parkplätze, betriebliche Ordnungsvorschriften handeln, als auch um Fragen, die den Arbeitnehmer am Arbeitsplatz berühren, z. B. Arbeitsverteilung, Arbeitsablauf oder Unfallverhütung. Die Aufgabe, den Arbeitnehmer anzuhören und mit ihm die ihn berührenden Fragen auf Wunsch zu erörtern, obliegt in der Regel den unmittelbaren Vorgesetzten (z. B. Meistern).

Sofern das Anliegen eines Arbeitnehmers nicht zum Aufgabenbereich des Vorgesetzten gehört, sollte der Vorgesetzte die zuständige betriebliche Stelle einschalten und den Arbeitnehmer über die Behandlung seines Anliegens informieren.

Aus dem Inhalt einer Stellungnahme des Arbeitnehmers zu Maßnahmen, die ihn betreffen, wird sich ergeben, ob der nächsthöhere Vorgesetzte informiert werden muß. Das kann der Fall sein, wenn sich die Stellungnahme z. B. mit wesentlichen Veränderungen im Arbeitsablauf befaßt. Bei Vorschlägen zur Gestaltung des Arbeitsplatzes und des Arbeitsablaufs sollte dem Arbeitnehmer empfohlen werden, einen Verbesserungsvorschlag einzureichen, falls es eine Richtlinie hierfür im Betrieb gibt und die Voraussetzungen gegeben zu sein scheinen. Die Antwort auf eine Stellungnahme des Arbeitnehmers sollte möglichst bald und umfassend gegeben werden. Nur so wird es möglich sein, einem Arbeitnehmer die Gewißheit zu geben, daß seine Anregungen willkommen sind und sachlich geprüft werden.

Der Arbeitnehmer sollte Gelegenheit erhalten, sich zu der gleichen Sache erneut zu äußern, wenn neue Gesichtspunkte auftreten.

Erläuterung des Einkommens

Der Arbeitnehmer kann verlangen, daß ihm Berechnung und **409** Zusammensetzung seines Arbeitsentgelts erläutert werden. Bei Zweifelsfragen wird eine Erläuterung notwendig sein, die unter Umständen nur mit Hilfe der zuständigen Personalabteilung gegeben werden kann. Der Arbeitnehmer kann zu diesem Gespräch ein Mitglied des Betriebsrats hinzuziehen.

Leistungsbeurteilung und berufliche Entwicklung

410 Jeder Arbeitnehmer kann verlangen, daß seine Leistungen und die Möglichkeiten seiner beruflichen Entwicklung mit ihm erörtert werden. Soweit schriftliche Beurteilungen eingeführt sind, geben diese regelmäßig Anlaß und Grundlage für ein solches Gespräch. Der Vorgesetzte soll dem Arbeitnehmer ggf. befriedigende und gute Leistungen bestätigen. Er soll ihm aber auch offen sagen, wo Mängel bestehen, damit der Arbeitnehmer seine Leistungen verbessern oder sein Verhalten ändern kann. Auch zu diesen Gesprächen kann der Arbeitnehmer ein Mitglied des Betriebsrats hinzuziehen.

Eine Erörterung der beruflichen Entwicklungsmöglichkeiten wird häufig nur nach Rücksprache mit dem nächsthöheren Vorgesetzten erfolgen können. Die bestehenden Chancen sollten dargelegt, aber keine falschen Hoffnungen erweckt werden. Je nach dem Inhalt des Gesprächs kann es zweckmäßig sein, einen Mitarbeiter der Personalabteilung daran zu beteiligen.

3. Einsicht in die Personalakte (§ 83)

411 Diese Vorschrift gibt dem Arbeitnehmer die Möglichkeit, seine Personalakte einzusehen. Er kann dabei ein Mitglied des Betriebsrats hinzuziehen. Die Einsichtnahme sollte in Gegenwart des Vorgesetzten oder eines Sachbearbeiters der Personalabteilung erfolgen. Der Arbeitnehmer kann die Akte lesen und sich Notizen machen, er hat jedoch kein Recht auf Abschriften oder Kopien und auf Überlassung der Akte.

Der Begriff der Personalakte ist im BetrVG nicht erläutert. Allgemein zählen zu den Personalakten alle Unterlagen über die Person des Arbeitnehmers, die im Zusammenhang mit seinem Arbeitsverhältnis stehen. Der Arbeitnehmer ist berechtigt, zum Inhalt seiner Personalakte Erklärungen abzugeben, die auf sein Verlangen der Personalakte beizufügen sind.

Nach der Rechtsprechung des Bundesarbeitsgerichts zum BetrVG von 1952 gehören Unterlagen, die vor Beginn des Arbeitsverhältnisses auf Anforderung des Arbeitgebers von Dritten zur Verfügung gestellt werden (Auskünfte früherer Arbeitgeber, graphologische Gutachten, Berichte von Auskunfteien usw.) nicht zur Personalakte.[3] Sie würden daher nicht dem Einsichtsrecht des Arbeitnehmers unterliegen. Diese Frage ist für den jetzigen Rechtszustand noch nicht höchstrichterlich geklärt. Überwiegend wird die Meinung vertreten, daß der Arbeitgeber eine zweite und vertrauliche Personalakte mit Unterlagen, die er vom Arbeitnehmer nicht einsehen lassen will, nicht führen darf. Ein möglicher und rechtlich zulässiger Ausweg ist es, vertrauliche Unterlagen von dritter Seite zurückzugeben oder zu vernichten. **412**

Werden neben einer Hauptpersonalakte Neben- oder Sonderakten geführt, z. B. zu Zwecken der Lohnabrechnung, so bezieht sich das Einsichtsrecht des Arbeitnehmers auch auf diese Akten.

Der Arbeitnehmer hat keinen Anspruch darauf, daß Vorgänge aus der Personalakte entfernt werden, die eine Mißbilligung durch den Arbeitgeber wegen Verletzung einzelner arbeitsvertraglicher Pflichten zum Ausdruck bringen. Der Arbeitnehmer kann aber verlangen, daß eine von ihm dazu abgefaßte Erklärung in die Personalakte aufgenommen wird. **413**

Mißbilligende Äußerungen, die auf unrichtigen Tatsachenbehauptungen beruhen, müssen auf Verlangen des Arbeitnehmers aus der Personalakte entfernt werden.[4]

Bezieht sich ein Vermerk in der Personalakte auf einen Verstoß gegen die Ordnung des Betriebs und wurde dabei das Mitbestimmungsrecht des Betriebsrats übergangen, so muß der Vermerk auf Verlangen des Arbeitnehmers entfernt werden.[5]

Das Einsichtsrecht ist ein höchstpersönliches Recht des Arbeitnehmers. Der Betriebsrat hat keinen Anspruch auf Einsicht in Personalakten, es sei denn, der Arbeitnehmer stimmt dem zu. Der Anspruch auf Einsichtnahme in die Personalakte **414**

3 BAG vom 17. 3. 1970, BB 1970 S. 619.
4 St. Rspr., zuletzt BAG vom 5. 8. 1992, BB 1992 S. 2295.
5 BAG vom 5. 12. 1975, BB 1976 S. 415.

endet mit dem Arbeitsverhältnis. Nach Beendigung des Arbeitsverhältnisses besteht ein Einsichtsrecht nur, wenn dafür ein besonderer Anlaß gegeben ist.

4. Beschwerderecht (§ 84)

415 Jeder Arbeitnehmer kann sich beschweren, wenn er sich im Betrieb benachteiligt, ungerecht behandelt oder in sonstiger Weise beeinträchtigt fühlt. Zu einer Beschwerde gehört, daß der Arbeitnehmer seine Beschwerdeabsicht zum Ausdruck bringt. Gelegentliche allgemeine Unmutsäußerungen und Kritik an Personen oder betrieblichen Maßnahmen brauchen nicht in jedem Fall als Beschwerde gewertet zu werden. Im Zweifel sollte der Arbeitnehmer befragt werden, ob seine Äußerung als Beschwerde aufgefaßt werden soll. Zur Unterstützung seines Anliegens oder zur Vermittlung kann der Arbeitnehmer ein Mitglied des Betriebsrats hinzuziehen.

Die für eine Beschwerde zuständige Stelle ist in der Regel der unmittelbare oder nächsthöhere Vorgesetzte.

416 Wesentlich für die Behandlung einer Beschwerde durch den Vorgesetzten ist folgendes: Eine Beschwerde soll mit Aufgeschlossenheit für das Anliegen des Arbeitnehmers entgegengenommen werden. Bei berechtigten Beschwerden soll sich der Vorgesetzte um Abhilfe bemühen, in anderen Fällen dem Arbeitnehmer den Sachverhalt überzeugend erläutern. Eine sachgerechte Behandlung von Beschwerden kann, besonders, wenn es um die Beseitigung von wirklichen Fehlern, sachlichen Mängeln oder Mißverständnissen geht, auch zu einer besseren Zusammenarbeit führen. Von jeder Beschwerde, die für den Arbeitnehmer nicht befriedigend geklärt werden kann, sollte der nächsthöhere Vorgesetzte unterrichtet werden. Der Arbeitnehmer hat auch die Möglichkeit, sich mit einer Beschwerde unmittelbar an den Betriebsrat zu wenden.

417 Der Betriebsrat hat Beschwerden von Arbeitnehmern entgegenzunehmen und, falls er sie für berechtigt erachtet, beim Arbeitgeber auf Abhilfe hinzuwirken (§ 85 Abs. 1), d.h. aber auch, daß der Betriebsrat dem beschwerdeführenden Arbeitnehmer zu sagen hat, wenn er die Beschwerde für unberechtigt hält. Im anderen Fall wird der Arbeitgeber mit dem Be-

triebsrat die Angelegenheit zu besprechen haben. Der Arbeitgeber kann diese Aufgabe natürlich an Vorgesetzte oder die Personalabteilung delegieren.

Können Arbeitgeber und Betriebsrat sich nicht einigen, so entscheidet die Einigungsstelle (§ 85 Abs. 2). Die Einigungsstelle kann aber nur feststellen, ob die Beschwerde des Arbeitnehmers berechtigt ist oder nicht. Sie kann nicht konkrete Maßnahmen zur Abhilfe verbindlich treffen. Die Einigungsstelle ist nicht zuständig, insoweit Gegenstand der Beschwerde ein Rechtsanspruch des Arbeitnehmers ist (§ 85 Abs. 2 letzter Satz).[6] **418**

Beispiel:

Der Arbeitnehmer beschwert sich beim Betriebsrat darüber, daß der Arbeitgeber ihm eine zugesagte Gehaltserhöhung nicht gewährt oder Mehrarbeit nicht vergütet oder ihn nicht für einen Arztbesuch von der Arbeit freistellt. Geht der Streit um Rechtsansprüche des Arbeitnehmers, so entscheidet das Arbeitsgericht, nicht aber die Einigungsstelle über den Umweg eines Beschwerdeverfahrens.

Die Einigungsstelle ist im Beschwerdeverfahren auch nicht zuständig in einer Angelegenheit, in der der Betriebsrat ein im Gesetz geregeltes Mitwirkungs- oder Mitbestimmungsrecht hat.[7] Entscheidungen der Einigungsstelle in solchen Angelegenheiten könnten nämlich zu einer Ausweitung der im Gesetz abschließend geregelten Mitwirkungs- und Mitbestimmungstatbestände führen. **419**

Beispiel:

Der Arbeitnehmer beschwert sich über seine Kündigung, seine Versetzung oder seine Umgruppierung. Hier sind jeweils konkrete Mitbestimmungs- oder Mitwirkungstatbestände angesprochen. Die Tätigkeit des Betriebsrats wird an diesen Stellen geregelt. Eine Einigungsstelle darf sich mit diesen Beschwerden nicht befassen.

---

6 Rechtsansprüche der Arbeitnehmer gegen den Arbeitgeber sind vor dem Arbeitsgericht zu verfolgen (§ 2 Abs. 1 Ziff. 3 ArbGG).

7 Zuständig ist das Arbeitsgericht im Beschlußverfahren gem. § 2a Abs. 1 Ziff. 1 ArbGG.

V. Arbeitsplatzgestaltung und wirtschaftliche Angelegenheiten

420 Die Mitwirkung und Mitbestimmung des Betriebsrats ließe sich auch so darstellen, daß die Entscheidungen des Arbeitgebers nach Funktionsbereichen oder Ressorts geordnet unter dem Gesichtspunkt der Mitwirkung der Arbeitnehmervertretung erläutert werden. Eine solche Darstellung wäre ungleichgewichtig, da das Ressort Personal und Sozialwesen der von der Mitbestimmung eigentlich betroffene Bereich ist. Die bisher dargestellten personellen Entscheidungen und die sozialen Angelegenheiten bilden den Schwerpunkt der Mitwirkung und Mitbestimmung des Betriebsrats. Der übrige Bereich unternehmerischer Entscheidungen ist auf Betriebsebene weitgehend mitbestimmungsfrei. Bei ressortmäßiger Betrachtung sind das die Entscheidungen in den Bereichen Forschung und Entwicklung, Vertrieb und Finanzen. Von der Mitwirkung des Betriebsrats betroffen sind die Bereiche Produktion und Ingenieurwesen, weil durch deren Entscheidungen Arbeitsplätze gestaltet und Arbeitsbedingungen festgelegt werden.

421 Bei den wirtschaftlichen Entscheidungen, die sich auf Arbeitsplätze und Arbeitsbedingungen auswirken, vollzieht sich die Mitwirkung des Betriebsrats durch

- Einbeziehung in die Planung,
- Beratung der Auswirkungen von Investitionsentscheidungen auf Anforderungen am Arbeitsplatz,
- Beratung über die Durchführung von Betriebsänderungen (Interessenausgleich),
- den Abschluß von Vereinbarungen, die der sozialen Absicherung der Arbeitsplätze bei Betriebsänderungen dienen (Sozialpläne), und
- die Mitwirkung im Wirtschaftsausschuß.

1. Gestaltung von Arbeitsplatz, Arbeitsablauf und Arbeitsumgebung

Nach § 90 hat der Arbeitgeber den Betriebsrat zu unterrichten, 422
wenn er Baumaßnahmen, technische Anlagen, Arbeitsverfahren und Arbeitsabläufe oder Arbeitsplätze plant, und er hat die vorgesehenen Maßnahmen, insbesondere im Hinblick auf ihre Auswirkungen auf die Art der Arbeit und die Anforderungen an die Arbeitnehmer, mit dem Betriebsrat zu beraten.

Das entscheidende Stichwort, an das das Mitwirkungsrecht des Betriebsrats anknüpft, ist das Wort Planung. Die Vorschrift geht davon aus, daß die dort aufgezählten unternehmerischen Investitionsentscheidungen in jedem Unternehmen aufgrund einer entsprechenden Planung erfolgen. Der Arbeitgeber wird also die Mitwirkung des Betriebsrats nicht mit dem Hinweis zurückweisen können, er habe die entsprechende Maßnahme nicht geplant, sondern spontan in die Tat umgesetzt. Zweck der Vorschrift ist, den Betriebsrat schon in das Planungsstadium einzubeziehen, damit die berechtigten Belange der Arbeitnehmer hinsichtlich der Auswirkung dieser Entscheidungen auf die Art der Arbeit und die Anforderungen an die Arbeitnehmer berücksichtigt werden. Dies ist Gegenstand der Beratung mit dem Betriebsrat. Dabei sollen Arbeitgeber und Betriebsrat die gesicherten arbeitswissenschaftlichen Erkenntnisse über die menschengerechte Gestaltung der Arbeit berücksichtigen (§ 90 Abs. 2).

Zu beginnen ist mit dem Begriff der Planung. Der Betriebsrat 423
kann in die unternehmerische Planung nur einbezogen werden, wenn eine solche bereits vorliegt. Dies führt zu der Frage, zu welchem Zeitpunkt Überlegungen des Arbeitgebers zu einer Planung gereift sind. Eine Planung ist jedenfalls noch nicht gegeben, solange der Arbeitgeber alternative planerische Vorüberlegungen anstellt, d.h., solange das Planziel zwar schon feststeht, jedoch über den Weg noch nicht entschieden ist.

Beispiel:

Das Planziel sei eine angemessene und wirtschaftlich ver- 424
nünftige Unterbringung der Mitarbeiter der Hauptverwaltung.

Der Zustand ist dadurch gekennzeichnet, daß die bestehenden Räume überaltert sind und von der Kapazität her nicht ausreichen. Um das Planziel zu erreichen, gibt es mehrere alternative Wege. Es kann ein neues Verwaltungsgebäude gebaut werden. Es können entsprechende Räume angemietet werden. Man kann sich entschließen, die Hauptverwaltung in einen anderen Ort zu verlegen etc. Der Arbeitgeber ist nicht gehalten, das Planziel und die alternativen Wege dahin mit dem Betriebsrat zu beraten. Die Informations- und Beratungspflicht setzt aber ein, nachdem der Arbeitgeber sich entschlossen hat, eine bestimmte Alternative auszuführen, also z. B. ein neues Verwaltungsgebäude zu bauen.

Dieses Beispiel macht klar, daß Planziel und Durchführung bereits konkretisiert sein müssen, also eine Planung bestehen muß, aus der der Beratungsgegenstand abgeleitet werden kann. Dieser ist also der Bau des neuen Verwaltungsgebäudes. Nicht zu beraten ist mit dem Betriebsrat die unternehmerische Fragestellung, sozusagen das Problem, nämlich: Wie kommen wir für das Personal der Hauptverwaltung zu ausreichenden und vernünftigen Arbeitsplätzen für voraussehbar die nächsten 20 Jahre?

425 Als nächstes geht es um den Begriff „rechtzeitig“[1], denn die Vorschrift verlangt die rechtzeitige Unterrichtung des Betriebsrats. Hier muß der unternehmerische Planungs- und Entscheidungsprozeß im Zeitablauf gesehen werden:

Problemstellung – Zielformulierung – alternative Planungsüberlegungen – Planung – Verabschiedung der Planung – Entscheidung über die zu treffenden Maßnahmen – Ausführung der Maßnahmen.

Der Betriebsrat ist einzubeziehen, nachdem der Arbeitgeber selbst weiß, was er will, und Rahmenpläne oder Planungsentwürfe vorliegen. Die Beratung hat so „rechtzeitig“ zu erfolgen, „daß Vorschläge und Bedenken des Betriebsrats bei der Planung berücksichtigt werden können“ (§ 90 Abs. 2 Satz 1).

Der Betriebsrat muß Zeit haben, die Pläne zu prüfen, auf einer Betriebsratssitzung zu diskutieren und eigene Vorschläge zu erarbeiten. Der ihm zuzugestehende Zeitraum

---

1 Vgl. dazu ausführlich mit Beispielen Randnr. 44 f.

hängt ab von der Kompliziertheit und Komplexität des Beratungsgegenstandes. Der Arbeitgeber muß von sich aus die „erforderlichen“ Unterlagen vorlegen und dem Betriebsrat auf Zeit überlassen.

Beispiel:

Nachdem der Arbeitgeber sich entschlossen hat, ein neues **426**
Verwaltungsgebäude zu bauen, kann er das geeignete Grundstück ankaufen, ohne den Betriebsrat vorher zu informieren. Ebenso kann er einem Architekten einen Auftrag geben. Beide Maßnahmen muß er nicht mit dem Betriebsrat beraten, denn ein derartiges Beratungsrecht könnte ja nur in die Richtung gehen, z. B. den Bau zu unterlassen und andere Maßnahmen zu treffen. Nun aber wird der Architekt einen Planungsentwurf vorlegen. Jetzt wird der Planungsentwurf mit dem Betriebsrat beraten. Dazu muß der Betriebsrat ausreichend Zeit haben. Die Einbeziehung des Betriebsrats erfolgt zu spät, wenn die Planung in der Detaillierung weit fortgeschritten ist oder sie sogar schon abgeschlossen und verabschiedet wurde.[2]

Beispiel:

Nachdem die Geschäftsführung oder der Vorstand des Unter- **427**
nehmens die detaillierte Bauplanung samt Kosten beschlossen hat, wird sie dem Betriebsrat vorgelegt. Der Betriebsrat schlägt nun die Einrichtung zusätzlicher Sozialräume oder sonstige kostenwirksame Änderungen vor. Der Arbeitgeber verweist auf die nicht eingeplanten zusätzlichen Kosten und lehnt die Vorschläge ab.

Im letzteren Beispiel wurde der Betriebsrat zu spät eingeschaltet. Diese Feststellung wird nicht dadurch hinfällig, daß vom Ergebnis her geurteilt und gesagt wird, die Vorschläge des Betriebsrats waren unrealisierbar, hätten nicht berücksichtigt werden können, waren sachlich nachteilig usw. Dar-

2 Der Betriebsrat soll nicht erst unterrichtet werden, nachdem die Beschlußgremien des Unternehmens die Planung verabschiedet haben, denn einmal gefaßte Beschlüsse werden nach Vorschlägen des Betriebsrats kaum revidiert werden.

auf kommt es nicht an. Der Betriebsrat soll die Chance haben, die Planung und damit die Ausführung beeinflussen zu können.

428 *Hinweis:* Der Betriebsrat hat nach § 90 kein Mitbestimmungsrecht, d.h., seine Vorschläge müssen vom Arbeitgeber nicht berücksichtigt werden. Anders ist es, wenn der Betriebsrat den Arbeitgeber auf entsprechende rechtliche Vorschriften hinweist, die einzuhalten sind, z.B. Vorschriften aus dem Arbeitsschutzgesetz (ArbSchG). Dann ist der Arbeitgeber gehalten, den Anregungen des Betriebsrats zu folgen, aber nicht, weil der Betriebsrat ein Mitbestimmungsrecht hat, sondern weil der Betriebsrat ihn auf die Vorschriften hinweist, die er ohnehin zu befolgen hat.

429 Der § 90 Abs. 1 zählt vier Gegenstände des Mitwirkungsrechts des Betriebsrats auf. Es handelt sich um

- bauliche Einrichtungen (Nr. 1),
- technische Anlagen (Nr. 2),
- Arbeitsverfahren und Arbeitsabläufe (Nr. 3) und schließlich
- die Gestaltung der Arbeitsplätze selbst (Nr. 4).

Damit zählt die Vorschrift die möglichen arbeitstechnischen Änderungen vollzählig auf. Diese vier Fälle werden nachfolgend im einzelnen betrachtet.

Fall Nr. 1: Bauvorhaben

430 Gegenstand des Beteiligungsrechts sind sämtliche Bauvorhaben für betriebliche Räume. Es muß sich aber um Bauvorhaben handeln. Bauvorhaben haben gemeinsam, daß sie in die bauliche Substanz der Gebäude eingreifen und diese verändern. Deshalb scheiden hier zunächst alle Renovierungsarbeiten aus. Es gibt auch bauliche Maßnahmen im weiteren Sinne, die die Bausubstanz nicht verändern, z.B. bauliche Maßnahmen an Türen und Fenstern.

Hingegen kann das Einziehen oder Herausbrechen einer Wand schon mitwirkungspflichtig sein, da es die Arbeitsfläche eines einzelnen Arbeitsplatzes einschneidend verändern kann. Deshalb fällt auch die Einrichtung eines Großraumbüros unter Nr. 1 (und unter Nr. 3).

Fall Nr. 2: Technische Anlagen

Hier geht es um die Planung von technischen Anlagen. Hierzu gehören technische Geräte und Maschinen, aber auch sonstige technische Einrichtungen wie der Bau von Fahrstühlen, die Einrichtung einer Raumklimaanlage, Wärmeschutzvorrichtungen und die Gestaltung der Raumbeleuchtung. **431**

Beispiel:

Der Arbeitgeber plant ein neues Beleuchtungssystem, also z. B. Beleuchtung einheitlich durch Neonröhren statt wie bisher durch herkömmliche Glühlampen. Diese Planung ist mitwirkungspflichtig, denn die Beleuchtungsverhältnisse am Arbeitsplatz können Auswirkungen auf die Art der Arbeit haben. Nachdem die Umstellung erfolgt ist, sind Einzelmaßnahmen der Pflege und des Ersatzes von Beleuchtungskörpern nicht mitwirkungspflichtig. Sie haben keine neuen, nicht schon bekannten Auswirkungen.

Technische Anlagen sind aber vor allem Geräte und Maschinen. Gewiß wollte der Gesetzgeber den Betriebsrat nicht in die Anschaffung und den Einsatz aller Geräte und Maschinen einbeziehen. Ihre Anschaffung muß geplant sein. Dies wird im zeitgemäß geführten Unternehmen fast immer der Fall sein. Für die Abgrenzung von mitbestimmten und mitbestimmungsfreien Maßnahmen ist daher das 2. Merkmal wichtiger: Die neuen Geräte und Maschinen müssen Auswirkungen auf die Art der Arbeit und die Gestaltung des Arbeitsplatzes haben.

Beispiel:

In einem Produktionsbetrieb soll eine Maschine angeschafft werden, mit der bisher noch nicht gearbeitet wurde. Der Betriebsrat ist einzubeziehen. Wird eine alte Maschine durch eine neue gleichen Typs, aber mit höherem Lärmpegel ersetzt, so ist der Betriebsrat einzubeziehen. Gleicht die neue Maschine der alten und ergeben sich auch keine nicht bekannten Auswirkungen auf die Art der Arbeit, so muß der Betriebsrat nicht einbezogen werden.

Aus dem Zweck der Vorschrift folgt, daß die routinemäßige Anschaffung von bereits im Betrieb benutzten Geräten, die

Anschaffung von Kleingeräten und der Ersatz solcher Geräte nicht mitwirkungspflichtig sind. Hier kann es schon am Merkmal der Planung fehlen.

Beispiel:

Jeder Investitionsplan enthält bestimmte nicht spezifizierte Posten für laufenden Ersatz und Instandhaltung. Die Verfügung darüber hat der zuständige Betriebsleiter. Hier wird zwar der gesamte Etatposten geplant, nicht aber die nicht vorhersehbaren Einzelmaßnahmen. Der Betriebsrat ist nicht einzubeziehen, wenn nun nach betrieblichen Notwendigkeiten von Fall zu Fall Geräte und Maschinen angeschafft werden, die keine noch nicht bekannten Auswirkungen auf die Art der Arbeit haben.

Die Mitwirkung des Betriebsrats bezieht sich nicht nur auf die Maschinen und Geräte im technischen Bereich, sondern auch auf Maschinen und Geräte im Verwaltungs- oder „Bürobereich“. Veränderungen im Verwaltungsbereich werden in der Regel auch durch die Tatbestände der Nummern 3 und 4 abgedeckt, so daß sie beispielhaft dort mitbehandelt werden.

Fall Nr. 3: Arbeitsverfahren und Arbeitsabläufe

432 Unter Arbeitsablauf versteht man die zeitliche und räumliche Anordnung der einzelnen Arbeitsvorgänge im Betrieb. Die Gestaltung des Arbeitsablaufs in seinen Einzelheiten ist das Arbeitsverfahren. Typische unzweifelhafte Mitwirkungsfälle sind z. B. der Übergang zur Fließbandarbeit oder die Abschaffung von Fließbandarbeit oder die Ersetzung von Handarbeit durch Maschinenarbeit. Hierher gehört auch die Einführung der elektronischen Datenverarbeitung, und zwar soweit sie Arbeitsabläufe verändert. Das gilt auch für jedes neue Anwendungsgebiet der elektronischen Datenverarbeitung.

Beispiel:

Im Rechnungswesen eines Unternehmens wird nach und nach die elektronische Datenverarbeitung eingeführt. Dies ist ein mitwirkungspflichtiger Sachverhalt. Das gilt auch für die einzelnen Abschnitte der Verwirklichung des Vorhabens, also z.B. die Einbeziehung der Kundenbuchhaltung in die elektronische Datenverarbeitung.

Weitere Beispiele:

- Einrichtung eines zentralen Schreibzimmers, 433
- Schaffung eines Fotokopierzentrums,
- Einrichtung von Arbeitsgruppen,
- stärkere Arbeitsteilung (Spezialisierung) bei Arbeitsvorgängen,
- Zusammenfassung von einzelnen Arbeitsvorgängen, die bisher getrennt erledigt wurden.

Die oben aufgeführten Beispiele lassen sich generellen Gesichtspunkten zuordnen, und zwar einmal der Zentralisierung oder Dezentralisierung von Arbeitsvorgängen, dem Übergang von Einzelarbeit zu Gruppen- oder Teamarbeit oder auch Änderungen, die sich aus dem technischen Fortschritt ergeben. Auslösendes Moment aller dieser Maßnahmen kann das Bestreben zu fortlaufender Rationalisierung sein. Daraus folgt nicht, daß alle Rationalisierungsmaßnahmen nach Nr. 3 mitwirkungspflichtig sind. Sie sind es nur, wenn sie geplant sind und die schon zitierten Auswirkungen auf Arbeitsplätze und die Art der Arbeit haben.

Der Arbeitgeber macht bei der Einführung neuer Arbeitsver- 434
fahren und Arbeitsabläufe von seiner unternehmerischen Entscheidungsfreiheit Gebrauch und übt das ihm gegenüber den Arbeitnehmern zustehende Weisungsrecht aus. Dies ist grundsätzlich mitbestimmungsfrei, kann aber andererseits in seinen Auswirkungen die Merkmale von § 90 Abs. 1 Nr. 3 erfüllen. Hier bedarf es einer Grenzziehung. Als Hilfe dient dazu ein Beispiel aus der Rechtsprechung.

Beispiel:

Das LAG Hamm[3] hatte folgenden Fall zu entscheiden: Ein Arbeitgeber plante, einen Teil der Buchungsarbeiten an eine andere Firma zu vergeben, um aufgelaufene Buchungsrückstände aufzuarbeiten. Der Betriebsrat sah darin eine Planung von Arbeitsverfahren und Arbeitsabläufen gemäß § 90 Abs. 1

---

3 Beschluß vom 3.12.1976, DB 1977 S. 2190.

Ziff. 3 und verlangte, daß er über diese Maßnahmen informiert wird und daß sie mit ihm beraten werden. Der Arbeitgeber wies dies zurück. Das LAG Hamm gab ihm recht und stellte dabei Grundsätze auf, die der Grenzziehung zum mitbestimmungsfreien Raum in dieser Frage dienlich sein können.

1. Das Gericht gab dem Betriebsrat insofern recht, als die Vergabe der Buchungsarbeiten sicherlich auf eine Planung des Arbeitgebers zurückzuführen ist. Selbst wenn die Vergabe kurzfristig erfolgt, verlangt doch das Ziel, nämlich Buchungsrückstände aufzuholen, eine Planung.

2. Die Vergabe von Buchungsarbeiten an eine Fremdfirma kann auch Auswirkungen auf Arbeitsabläufe haben. So tritt an die Stelle der Buchung einzelner Geschäftsvorgänge der Arbeitsvorgang des Aussonderns von Buchungsvorgängen und Übersendung des Buchungsmaterials an die Fremdfirma.

3. Nicht jede geringfügige und vorübergehende Änderung in Arbeitsabläufen ist jedoch mitwirkungspflichtig. Hier ist der Zweck der Beteiligung des Betriebsrats zu berücksichtigen. Dieser ist, die Auswirkung der geplanten Maßnahme auf die Arbeit und die Arbeitsbedingungen zu beraten und dabei die berechtigten Belange der Arbeitnehmer geltend zu machen. Hier ändern sich aber weder die technischen Hilfsmittel noch die äußeren Bedingungen, unter denen die Arbeit zu verrichten ist. Es ändert sich nur der Arbeitsanfall, und es können z.B. Überstunden fortfallen.

4. Der Zweck der Beteiligung des Betriebsrats im Rahmen des § 90 ist nicht die Verhinderung der Einsparung von Arbeitsplätzen bis hin zu Entlassungen, sondern allein die Beteiligung bei der Gestaltung der im Betrieb vorhandenen Arbeitsplätze und der Arbeitsabläufe und Arbeitsverfahren.

435 Es gibt also Fälle, in denen geplante Maßnahmen des Arbeitgebers Arbeitsabläufe verändern, ohne daß der Betriebsrat einzubeziehen ist. Das ist der Fall, wenn die Änderungen geringfügig und/oder vorübergehend sind.

Besonders wichtig ist der Hinweis unter 4. Der Betriebsrat hatte nämlich geltend gemacht, daß die Vergabe von Buchungsarbeiten an eine Fremdfirma Arbeitsplätze im Betrieb gefährden könnte. Diese Auswirkungen der unternehmerischen Planung sind jedoch nicht nach § 90 mitwirkungspflichtig. Der Arbeitgeber hätte einen Teil der Buchungsarbeiten oder alle Buchungsarbeiten ständig an eine Fremdfirma vergeben können, mit der Folge, daß die Arbeitsplätze in der Buchhaltung seines Betriebs entfallen. Der Fortfall von Arbeitsplätzen ist also keine gemäß § 90 mitwirkungspflichtige Maßnahme. Hier wäre die Mitwirkung des Betriebsrats bei der Personalplanung (§ 92) gegeben, und bei einer Betriebsänderung könnten Ansprüche nach §§ 111, 122 zum Zuge kommen.[4]

Fall Nr. 4: Planung von Arbeitsplätzen

Hier geht es um die Gestaltung von Arbeitsplätzen im ar- **436**
beitstechnischen Bereich. Dazu gehören Lichtverhältnisse, die Belüftung der Räume, aber auch der zur Verfügung stehende Raum. Die Mitwirkung des Betriebsrats bezieht sich nicht nur auf die Schaffung oder wesentliche Veränderung einer Mehrzahl oder Vielzahl von Arbeitsplätzen. Sie kann auch bei einem einzelnen Arbeitsplatz gegeben sein.

Hinweis: Die Arbeitsstättenverordnung stellt unter arbeitswis- **437**
senschaftlichen und ergonomischen Gesichtspunkten Mindestanforderungen an Arbeitsplätze. Sie enthält die Merkmale, die für die Art der Ausführung der Arbeit und die Anforderungen an die Arbeitnehmer am Arbeitsplatz von Belang sind. Deshalb geben Veränderungen im Bereich dieser Arbeitsplatzmerkmale Hinweise für mitwirkungspflichtige Sachverhalte.

Beispiele:

- Für die Arbeitsplätze von Sekretärinnen und Schreibkräf- **438**
  ten werden neue körpergerechte Stühle angeschafft;
- Arbeitsräume (ein Arbeitsraum) werden (wird) klimatisiert;
- ein Großraumbüro wird in mehrere Einzelbüros aufgeteilt;
- Arbeitsplätze (ein Arbeitsplatz) werden (wird) mit einem Bildschirmgerät ausgerüstet;

4 Zur Betriebsänderung vgl. Randnr. 447 f.

- an Arbeitsplätzen werden Schallschutzvorrichtungen angebracht (oder entfernt);
- in einem Arbeitsraum wird eine Zwischendecke eingezogen;
- die Belüftung von Arbeitsräumen wird verändert.

Das Mitwirkungsrecht des Betriebsrats bei der Gestaltung einzelner Arbeitsplätze kann sich insbesondere dann ergeben, wenn Arbeitsplätze eingerichtet werden, die in dieser Ausgestaltung noch nicht vorhanden sind. Ferner sind in der Regel Veränderungen, die sich aus dem technologischen Fortschritt an einzelnen Arbeitsplätzen ergeben, mitwirkungspflichtig. Offensichtlich können gleichzeitig die mitbestimmungspflichtigen Sachverhalte gemäß Nr. 2 und 3 gegeben sein. Nr. 4 ist ein generalklauselartiger Auffangtatbestand: Sind die anderen Tatbestände nicht gegeben, so kann es sich immer noch um die Planung von arbeitstechnischen Veränderungen von Arbeitsplätzen handeln.

439 Nicht jede im betrieblichen Arbeitsablauf vorkommende Veränderung von Arbeitsplätzen wird dadurch beratungspflichtig. Viele Veränderungen sind nicht arbeitstechnischer Natur, sondern sind räumlich oder organisatorisch bedingt. Oder es sind zwar arbeitstechnische Veränderungen, aber ohne Auswirkung auf die Art der Arbeit und ohne Veränderung der Anforderungen an den Arbeitnehmer. Hinzu kommt, daß Arbeitgeber und Betriebsrat die arbeitswissenschaftlichen Erkenntnisse über die menschengerechte Gestaltung der Arbeit berücksichtigen sollen. Viele Veränderungen an Arbeitsplätzen vollziehen sich, ohne daß dabei arbeitswissenschaftliche Erkenntnisse angesprochen sind.

440 Eine Mitwirkungspflicht des Betriebsrats ist nach dem Zweck des § 90 immer dann gegeben, wenn die Gestaltung der Arbeitsplätze größere Belastungen für die Arbeitnehmer mit sich bringt. Eine potentiell höhere Unfallgefahr, mehr Lärm, weniger Licht und eine schlechtere Durchlüftung sind negative Veränderungen, die mit dem Betriebsrat zu beraten sind. Dagegen wird der Arbeitgeber kleine, schrittweise Verbesserungen an Arbeitsplätzen im Sinne einer Humanisierung der Arbeitswelt auch ohne Mitwirkung des Betriebsrats einführen können. Betriebspolitisch sollte er sich jedoch nicht die Chance entgehen lassen, gerade Verbesserungen mit dem Betriebsrat zu beraten. Viele kleine Verbesserungen an Arbeitsplätzen ergeben sich aus Vorschlägen des betrieblichen Vorschlagswesens. An dieser Einrichtung ist der Betriebsrat gemäß § 87 Abs. 1 Ziff. 12 ohnehin beteiligt.

Die Information hat umfassend zu sein

Die Einbeziehung des Betriebsrats erfolgt durch rechtzeitige **441**
Information und Beratung. Über das Merkmal „rechtzeitig" und das Wesen der Beratung ist das Notwendige schon gesagt worden. Die Information hat aber auch umfassend zu sein. Die Vorschrift des § 80 Abs. 2 Satz 1, wonach der Betriebsrat zur Durchführung seiner Aufgaben nach dem Gesetz rechtzeitig und umfassend vom Arbeitgeber zu unterrichten ist, ist auch auf § 90 anwendbar. Die Information ist umfassend, wenn sie den Betriebsrat in die Lage versetzt, entsprechend dem Zweck der Vorschrift mit dem Arbeitgeber sachverständig arbeitswissenschaftliche Erkenntnisse zu erörtern. Es wird sich empfehlen, die Arbeitsplätze zu besichtigen.

Vor der Bestellung neuer Maschinen (s. Nr. 2: Technische **442**
Anlagen) sind dem Betriebsrat als „erforderliche Unterlagen" Beschreibungen und technische Daten zu überlassen. Hat der Arbeitgeber einschlägige arbeitswissenschaftliche Gutachten, Aufsätze oder Stellungnahmen, so sollten diese auch dem Betriebsrat zugänglich gemacht werden. Handelt es sich um umfangreiche und kompliziertere technische Anlagen, so wird empfohlen, sachverständige Betriebsratsmitglieder zu einem fachlichen Gespräch mit Vertretern der Lieferfirma hinzuzuziehen oder zu einem Besuch der Lieferfirma mitzunehmen, um einen Prototyp der Maschine zu besichtigen.

Der Informationsaufwand muß natürlich in einem vernünftigen Verhältnis zum Umfang der geplanten Investition stehen. Je gründlicher Informationen gegeben werden, um so sachverständiger und sachbezogener wird sich die Beratung gestalten. Dadurch wird der Beratungsgegenstand nicht erweitert. Der Arbeitgeber braucht die vorangegangenen Planungsabschnitte nicht mit dem Betriebsrat zu diskutieren, also weder Marktuntersuchungen noch Wettbewerbsüberlegungen noch die Finanzierung.

Gesicherte arbeitswissenschaftliche Erkenntnisse sind zu berücksichtigen

443 Arbeitgeber und Betriebsrat sollen die gesicherten arbeitswissenschaftlichen Erkenntnisse über die menschengerechte Gestaltung der Arbeit berücksichtigen. Arbeitswissenschaft ist die Wissenschaft von der menschlichen Arbeit, deren Voraussetzungen und Bedingungen, Folgen und Wirkungen auf den Menschen, sein Verhalten und seine Leistungsfähigkeit. Es sind aber auch Erkenntnisse der Arbeitsmedizin, der Arbeitsphysiologie, der Arbeitssoziologie und der Arbeitspsychologie zu berücksichtigen. Diese Erkenntnisse sind gesichert, wenn sie in der Fachwelt Anerkennung gefunden haben. Nicht gesichert sind Hypothesen, die wissenschaftlich noch nicht erprobt sind, und Forschungsergebnisse, die in der Fachwelt umstritten sind.

Folgende arbeitswissenschaftliche Erkenntnisse können z.B. als gesichert gelten:

- Sitzen bei der Arbeit ist auf Dauer günstiger als Arbeit im Stehen.
- Ein Wechsel von Sitzen und Stehen ist wiederum günstiger als nur Sitzen.
- Eine bestimmte Phonstärke darf nicht überschritten werden, ohne daß gesundheitliche Schäden eintreten.
- Die Lichtverhältnisse am Arbeitsplatz müssen optimal gestaltet sein, um einer Ermüdung der Augen vorzubeugen.
- Die Leistungsfähigkeit sinkt mit zunehmendem Lebensalter ab.
- Es gibt eine optimale Arbeitshöhe, in der die Arbeit verrichtet werden sollte.

Eine Reihe dieser und ähnlicher Erkenntnisse ist in die Unfallverhütungsvorschriften und in die Arbeitsstättenverordnung eingegangen.

Wenn der Arbeitgeber seinen Verpflichtungen nach § 90 nicht oder nicht vollständig oder nicht rechtzeitig nachkommt, so handelt er ordnungswidrig und kann mit einer Geldbuße bis zu DM 20000,– belegt werden (§ 121). Er kann jedoch nicht verpflichtet werden, die Vorschläge und Anregungen des Betriebsrats zu berücksichtigen. Die Mitwirkung des Betriebsrats erreicht nicht die volle Mitbestimmung.

Mitbestimmungsrecht bei der Arbeitsplatzgestaltung

Ein Mitbestimmungsrecht des Betriebsrats kann sich jedoch ergeben, wenn der Arbeitgeber Maßnahmen im Sinne von § 90 so vornimmt, daß sie den gesicherten arbeitswissenschaftlichen Erkenntnissen über die menschengerechte Gestaltung der Arbeit offensichtlich widersprechen und die Arbeitnehmer dadurch in besonderer Weise belastet werden. Der Betriebsrat kann dann angemessene Maßnahmen zur Abwendung, zur Milderung oder zum Ausgleich der Belastung verlangen. Kommt eine Einigung zwischen Arbeitgeber und Betriebsrat nicht zustande, so entscheidet die Einigungsstelle. Ihr Spruch ersetzt die Einigung zwischen Arbeitgeber und Betriebsrat (§ 91). **444**

Hält der Arbeitgeber sich mit seinen Maßnahmen im Rahmen gesicherter arbeitswissenschaftlicher Erkenntnisse, so geht die Mitwirkung des Betriebsrats nur bis zur Beratung. Andernfalls hat der Betriebsrat die Möglichkeit, und zwar letztlich durch Einschaltung der Einigungsstelle, eine Korrektur von Maßnahmen des Arbeitgebers zu erzwingen. Diesen Weg kann der Betriebsrat nicht nur einschlagen, wenn der Arbeitgeber die in § 90 erwähnten Veränderungen neu plant, sondern auch um bestehende Mißstände zu korrigieren. Diese Tätigkeit trifft sich mit seiner Überwachungspflicht gemäß § 80 Abs. 1 Ziff. 2. Ein Mißstand nach § 91 wird oft mit der Verletzung von Vorschriften, z. B. Unfallverhütungsvorschriften, einhergehen. Der Betriebsrat kann Maßnahmen zur Abwendung, zur Milderung oder zum Ausgleich der Belastung fordern. Er kann aber nicht die Herstellung eines ganz bestimmten Zustandes verlangen und erzwingen, wenn der Arbeitgeber andere wirtschaftlichere Maßnahmen trifft, die denselben Erfolg haben. **445**

Beispiel:

In einer Werkhalle ist die Phonstärke gemessen an arbeitswissenschaftlichen Erkenntnissen eindeutig zu hoch. Der Betriebsrat kann die Absenkung der Phonstärke verlangen. Er kann nicht die Stillegung der Produktion oder die Stillegung einzelner Maschinen verlangen oder die Anbringung bestimmter Schallschutzvorrichtungen. Der Arbeitgeber ist gehalten, alle diese alternativen Möglichkeiten mit dem Betriebsrat zu beraten. Der Arbeitgeber ist aber frei, dann die Maßnahme zu treffen, die zu dem gewünschten Erfolg führt. Er muß also nicht Maschinen stillegen, wenn ein Schallschutz angebracht werden kann.

Der Betriebsrat kann nicht die Beseitigung der Belastung verlangen, wenn das technisch nicht machbar oder unwirtschaftlich ist. Er muß dann mit einer Milderung der Belastung zufrieden sein.

Beispiel:

Sicherlich wäre es für das Bodenpersonal auf Flughäfen im Sinne einer humanen Gestaltung ihrer Arbeitswelt zu begrüßen, wenn Düsentriebwerke nur 70 Phon entwickelten. Eine solche Forderung durchzusetzen hieße nach dem Stand der heutigen Technik, den Flugverkehr zu verbieten. Die Belastung durch die Phonstärke wird aber gemildert durch Ohrschützer.

446 Es gibt auch heute noch eine Reihe von Produktionsvorgängen, die mit erheblichen körperlichen Anstrengungen, Lärm und Hitze verbunden sind. Hier findet das Streben nach einer Humanisierung der Arbeitswelt vorläufig noch seine Grenze am technisch Machbaren. Wenn Belastungen nicht abgewendet und nur bedingt gemildert werden können, sind sie auszugleichen. Die Ausgleichsmaßnahmen haben sich auf die menschengerechte Gestaltung der Arbeit zu beziehen. Deshalb kann es nicht darum gehen, Erschwernisse durch Lohnzuschläge abzukaufen. Dies sollte jedenfalls nicht Gegenstand von Vereinbarungen mit dem Betriebsrat sein.

Ausgleichende Maßnahmen sind u. a.

- Kurzpausen,
- Wechsel mit weniger belastender Arbeit,
- Zusatzurlaub,
- Getränke bei Hitze.

2. Die Mitwirkung des Betriebsrats bei Betriebsänderungen

Der Unternehmer hat in Betrieben mit in der Regel mehr als 20 wahlberechtigten Arbeitnehmern den Betriebsrat über geplante Betriebsänderungen, die wesentliche Nachteile für die Belegschaft oder erhebliche Teile der Belegschaft zur Folge haben können, rechtzeitig und umfassend zu unterrichten und die geplanten Betriebsänderungen mit dem Betriebsrat zu beraten (§ 111). **447**

Dieses Mitwirkungsrecht ist das weitestgehende, das dem Betriebsrat in wirtschaftlichen Angelegenheiten gegeben ist, zumal es seine Verlängerung hat in der Beratung über einen Interessenausgleich und den Abschluß eines Sozialplanes (§ 112 und nachfolgendes Kapitel 4). **448**

Der Betriebsrat ist einzuschalten, nachdem der Plan über die Betriebsänderung beschlossen ist und bevor er ausgeführt wird. Der Betriebsrat muß nicht an den wirtschaftlichen Überlegungen beteiligt werden, die der Planung vorausgehen. Er ist aber rechtzeitig zu beteiligen, um auf die Ausführung der Entscheidung der Unternehmensleitung auf der Betriebsebene Einfluß nehmen zu können. **449**

Der Betriebsrat wird es als seine Aufgabe ansehen, die vorhandenen Arbeitsplätze möglichst zu erhalten. Er hat die Aufgabe, darauf zu dringen, daß wirtschaftliche Nachteile für die Arbeitnehmer des Betriebs ausgeglichen oder gemindert werden. Der Betriebsrat wird nicht an jeder Entscheidung beteiligt, die sich für Arbeitnehmer als nachteilig auswirken kann. Es muß sich vielmehr um „Betriebsänderungen" handeln. „Betriebsänderung" ist der zentrale Begriff, der einer Erläuterung bedarf.

Der Begriff „Betriebsänderung"

Das Gesetz führt in § 111 fünf Fälle von Betriebsänderungen auf, wobei der Fall 1, nämlich die Einschränkung und Stilllegung des ganzen Betriebes oder von wesentlichen Betriebsteilen, der wichtigste Fall einer Betriebsänderung ist. **450**

Betriebsstillegung ist ein Vorgang, den das Bundesarbeitsgericht so beschrieben hat: Die Betriebsstillegung setzt die Auflösung der zwischen Arbeitgeber und Arbeitnehmer bestehenden Betriebs- und Produktionsgemeinschaft voraus. Der Unternehmer gibt die bisherige wirtschaftliche Betätigung auf und verfolgt den Betriebszweck nicht weiter.

Eine Betriebseinschränkung ist eine erhebliche, ungewöhnliche und nicht nur vorübergehende Herabsetzung der Leistungsfähigkeit des Betriebs. Dabei ist es gleichgültig, ob die Verminderung der Leistungsfähigkeit durch Verringerung der sachlichen Betriebsmittel oder durch bloße Personalreduzierung erfolgt.

451 Auch ein bloßer Personalabbau ohne Reduzierung der sachlichen Betriebsmittel kann eine Betriebseinschränkung sein.[5]

Erforderlich ist aber eine erhebliche Personalreduzierung, und hier hat das BAG die Zahlen und Prozentangaben über die Anzeigepflicht bei Massenentlassungen (§ 17 Abs. 1 KSchG) als Maßstab herangezogen.[6] Später hat dann das BAG seine Rechtsprechung präzisiert, aber auch vereinfacht: Von dem Personalabbau müssen mindestens 5 Prozent der Belegschaft betroffen sein. Es zählen nur solche Arbeitnehmer, die aus betriebsbedingten Gründen ausscheiden, nicht also personen- oder verhaltensbedingte Kündigungen oder die Beendigung von Arbeitsverhältnissen wegen Fristablaufs.[7]

452 Es kommt bei dem Personalabbau nicht entscheidend auf den Zeitraum der Realisierung an. Maßgebend ist der Entschluß zur Verminderung der Belegschaft in Verbindung mit der darauf fußenden einheitlichen Personalplanung. Die einheitliche Planung kann sich aber aus dem Vorhaben der Sanierung und einem generellen Vorhaben ergeben, z.B. bisherige betriebliche Aktivitäten kostengünstiger nach außen zu vergeben. Andererseits stellt die alleinige Ausnutzung der natürlichen Fluktuation, auch wenn dies als Maßnahme des Personalabbaus gewollt ist, keine Betriebsänderung dar.[8]

---

5 BAG vom 22.5.1979, BB 1979 S. 1501.

6 BAG vom 22.5.1979, BB 1979 S. 1501.

7 BAG vom 2.8.1983, BB 1984 S. 274.

8 LAG Hamm vom 8.12.1982, DB 1983 S. 832.

In den folgenden Fällen ist eine Betriebseinschränkung von der Rechtsprechung nicht angenommen worden, und zwar: 453

- Produktionseinschränkung wegen Auftragsrückgangs, verbunden mit Abbau von Überstunden, Einstellungsstopp, Kurzarbeit, Abbau von Schichten,
- zeitweilige Einschränkung der Ausnutzung der Betriebsanlagen,
- der Wegfall einer Schicht, wenn er zur vorübergehenden Verminderung der Leistungsfähigkeit des Betriebs führt,
- der Übergang von Zweischicht- auf Einschichtbetrieb,
- gewöhnliche Schwankungen der Betriebstätigkeit, z.B. saisonale Schwankungen bei einem Baubetrieb, sind keine Betriebsänderungen, selbst wenn eine größere Zahl von Arbeitnehmern entlassen wird.

Der Betriebsrat hat Mitwirkungsrechte auch bei der Einschränkung und Stillegung von wesentlichen Betriebsteilen. 454
Ein „wesentlicher" Betriebsteil ist ein in sich abgeschlossener und relativ selbständig organisierter Teil eines Betriebs. Wenn eine selbständige Organisation des Betriebsteils nicht gegeben ist, so wird der Anteil der Produktion des stillgelegten oder eingeschränkten Betriebsteils an der Gesamtproduktion zu betrachten sein oder das Verhältnis der betroffenen Arbeitsplätze zur Gesamtzahl der Arbeitsplätze im Betrieb.

Auch hier gilt die 5-Prozent-Klausel der BAG-Rechtsprechung.[9]

Weitere Fälle von Betriebsänderungen

Bisher wurde nur ein Fall, wenn auch der wichtigste Fall, einer Betriebsänderung betrachtet. In § 111 Ziff. 2–5 sind vier weitere Fälle aufgeführt, und zwar: 455

- Die Verlegung des ganzen Betriebes oder von wesentlichen Betriebsteilen.
- Der Zusammenschluß mit anderen Betrieben oder die Spaltung von Betrieben.
- Grundlegende Änderungen der Betriebsorganisation, des Betriebszwecks oder der Betriebsanlagen.
- Einführung grundlegend neuer Arbeitsmethoden und Fertigungsverfahren.

---

9 BAG vom 7.8.1990, BB 1990 S. 2271.

Die beiden ersten Fallgestaltungen sind im wesentlichen aus sich heraus verständlich. Die beiden letzteren stehen in engem Zusammenhang und bedürfen einer Erläuterung insoweit, als es sich hier jeweils um grundlegende Änderungen handeln muß.

456 Eine Änderung der Betriebsorganisation ist dann grundlegend, wenn ein Betrieb in mehrere selbständige Betriebe aufgeteilt wird oder Betriebsteile organisatorisch aus- oder eingegliedert werden.

Der Betriebszweck ändert sich grundlegend, wenn andere Produkte hergestellt werden. Statt Personenwagen werden Motorräder produziert oder statt herkömmlicher Werkzeugmaschinen elektronisch gesteuerte Apparate.

Die Betriebsanlagen ändern sich grundlegend, wenn sich die technischen Einrichtungen und Räumlichkeiten des Betriebs ändern. Die Werkhallen werden umgebaut, die Energieversorgung oder das Transportsystem wird umgestellt.

457 Die Arbeitsmethoden und Fertigungsverfahren ändern sich grundlegend, wenn von Handarbeit auf Maschinenarbeit übergegangen oder eine ganz neue Generation von Maschinen eingeführt oder die Fertigung auf elektronische Steuerung umgestellt wird. Dies sind meist Folgen des technologischen Fortschritts. Die dauernde Verbesserung der Organisation und der Arbeitsabläufe, die kontinuierliche Erneuerung des Maschinenparks, der ständige Zuwachs an Know-how, die vielen kleinen Verbesserungen im Interesse einer fortlaufenden Rationalisierung sind keine Betriebsänderung im Sinne von § 111.

Wesentliche Nachteile für die Belegschaft

458 Die Einbeziehung des Betriebsrats ist nur geboten, wenn die Betriebsänderungen wesentliche Nachteile für die Belegschaft oder für erhebliche Teile der Belegschaft zur Folge haben können. Es wird nicht unterstellt, daß diese nachteiligen Folgen bei jeder Betriebsänderung eintreten. Wesentliche Nachteile sind bei der Stillegung des ganzen Betriebs oder von wesentlichen Betriebsteilen im allgemeinen durch den Verlust von Arbeitsplätzen gegeben, nicht aber unbedingt beim Zusammenschluß mit anderen Betrieben oder bei der

Einführung neuer Arbeitsmethoden und Fertigungsverfahren. Wesentliche Nachteile sind vor allem der Verlust von Arbeitsplätzen und die Verschlechterung der materiellen Arbeitsbedingungen.

Beispiele:

Durch die Einführung von Mikroprozessoren in der Fertigung eines Betriebs entfällt ein Teil der bisherigen Arbeitsplätze. Bei einem Teil der verbleibenden Arbeitsplätze wird die früher notwendige Qualifikation nicht mehr gefordert, und die Entlohnung erfolgt nach einer niedrigeren Lohngruppe („Abgruppierung"). **459**

Bei einer Verlegung eines Betriebs oder Betriebsteils kann der damit verbundene Wohnsitzwechsel für die Arbeitnehmer oder die wesentliche Verlängerung des Weges zur Arbeit ein wesentlicher Nachteil sein.

Wesentliche Nachteile liegen nicht vor, wenn es sich um Erschwernisse handelt, die mit der Einführung neuer Arbeitsmethoden und Verfahren üblicherweise verbunden sind. Sie entfallen nach der Einarbeitung durch die sich einstellende Routine.

Die wesentlichen Nachteile müssen die Belegschaft im ganzen oder erhebliche Teile von ihr treffen können. Hier wird auf die Beispiele verwiesen, die oben zur Frage beigebracht wurden, ob ein Betriebsteil bezogen auf den Gesamtbetrieb wesentlich ist. Jedoch ist nicht nur die Relation von betroffenen Arbeitnehmern zur Gesamtbelegschaft von Bedeutung. Auch die absolute Zahl spielt eine Rolle, sonst würde in Großbetrieben eine Mitwirkung des Betriebsrats in vielen Fällen ausscheiden.

Die Mitwirkung des Betriebsrats

Es war bisher darzustellen, welche Voraussetzungen das Mitwirkungsrecht des Betriebsrats auslösen. Diese sind zusammengefaßt: **460**

- Eine bestimmte Größe des Betriebs.
- Das Vorliegen einer Betriebsänderung im dargestellten Sinne.

– Wesentliche Nachteile, und zwar
– für mindestens erhebliche Teile der Belegschaft.

461 Diese Voraussetzungen lösen die Pflicht des Arbeitgebers zur rechtzeitigen und umfassenden Information des Betriebsrats aus, und sie führen dazu, daß die geplanten Betriebsänderungen mit dem Betriebsrat zu beraten sind.

Diese Pflichten bestehen gegenüber dem Betriebsrat und sind unabhängig davon zu erfüllen, ob im Wirtschaftsausschuß[10] dieser Gegenstand schon behandelt wurde oder nicht. Zu beraten sind die geplanten Betriebsänderungen. Die Beratung erstreckt sich nicht nur auf die sozialen und personellen Auswirkungen der unternehmerischen Entscheidung. Die geplante Entscheidung selbst und die damit verbundenen Vorüberlegungen können Gegenstand der Beratung sein.

462 Ein Mitwirkungsrecht des Betriebsrats kommt in Tendenzbetrieben[11] nicht zum Zuge. Bei ihnen entfällt die Informations- und Beratungspflicht ebenso wie die Verhandlungen über einen Interessenausgleich. Das Recht des Betriebsrats reduziert sich hier auf die Forderung nach Abschluß eines Sozialplans (§ 118 Abs. 1 letzter Satz).

Nichtbeachtung der Mitwirkung des Betriebsrats

463 Der Arbeitgeber kann die geplante Maßnahme auch ohne Beteiligung des Betriebsrats durchführen. Sie wird dadurch nicht unwirksam. Es handelt sich nicht um einen Fall zwingender Mitbestimmung. Die betroffenen Arbeitnehmer können aber nach § 113 Abs. 3 einen Anspruch auf Nachteilsausgleich geltend machen. Dies ist ein Schadensersatzanspruch gegen das Unternehmen, der bei zu entlassenden Arbeitnehmern in einer Abfindung entsprechend § 10 des Kündigungsschutzgesetzes und im Ausgleich anderer wirtschaftlicher Nachteile bis zu 12 Monaten bestehen kann (§ 113 Abs. 2 und 3).[12]

---

10 Zum Wirtschaftsausschuß vgl. Randnr. 478 f.

11 Zum Begriff vgl. Randnr. 4.

12 S. dazu auch § 113 Abs. 3 und die Kommentierung in Randnr. 477 „Verfahrensbeschleunigung“.

Der Betriebsrat kann die Aufstellung eines Sozialplanes verlangen, selbst wenn er von der geplanten Betriebsänderung nicht informiert wurde. Eine Verletzung der Auskunftspflicht kann als Ordnungswidrigkeit mit einer Geldbuße von bis zu 20000,– DM geahndet werden (§ 121). **464**

3. Interessenausgleich und Sozialplan

Die Beratungen zwischen Arbeitgeber und Betriebsrat können in der ersten Phase drei mögliche Ergebnisse haben: **465**

- Die Betriebsänderung unterbleibt.
- Es wird ein Interessenausgleich vereinbart.
- Eine Einigung über einen Interessenausgleich wird nicht erzielt.

Unter einem Interessenausgleich versteht man die Einigung zwischen Unternehmer und Betriebsrat über die Modalitäten der geplanten Betriebsänderung. Es ist also für einen Interessenausgleich kein Raum mehr, wenn der Unternehmer die Betriebsänderung bereits durchgeführt hat. Nicht Gegenstand des Interessenausgleichs sind die Regelungen der sozialen Auswirkungen der geplanten Betriebsänderung. Diese gehören in den Sozialplan.

Beispiel:

Der Unternehmer plant die Verlegung des gesamten Betriebes vom Ort A zum Ort B zum Zeitpunkt X. Nach Verhandlung mit dem Betriebsrat legt der Interessenausgleich fest, daß nicht der gesamte Betrieb nach B verlegt wird (oder zwar der gesamte Betrieb, aber in den näher gelegenen Ort C) und daß die Verlegung erst zu einem späteren Zeitpunkt ins Auge gefaßt wird und dann in mehreren Stufen erfolgt.

Kommt es zu keiner Einigung über einen Interessenausgleich, **466** kann unter Vermittlung des Präsidenten des Landesarbeitsamtes oder der Einigungsstelle weiter verhandelt werden. Arbeitgeber und Betriebsrat sollen dort Vorschläge zur Beilegung der Meinungsverschiedenheiten machen. Die Einigungsstelle hat eine Einigung der Parteien zu versuchen (§ 112 Abs. 2 und 3). Anders als in sozialen Angelegenheiten, bei denen der Betriebsrat ein zwingendes Mitbestimmungsrecht hat, erschöpft sich die Tätigkeit der Einigungsstelle in dem Einigungsversuch. Kommt eine Einigung zustande, so ist sie schriftlich niederzulegen. Kommt keine Einigung zustande, so enden die Bemühungen um einen Interessenausgleich. Der Arbeitgeber ist dann frei, die geplante Betriebsänderung durchzuführen. Unabhängig davon bleibt seine Verpflichtung bestehen, einen Sozialplan aufzustellen.

467 Der Sozialplan ist eine Betriebsvereinbarung über den Ausgleich oder die Milderung der wirtschaftlichen Nachteile, die den Arbeitnehmern infolge der geplanten Betriebsänderung entstehen (§ 112 Abs. 1).

Was kann also Inhalt von Sozialplänen sein?

468 Anknüpfend an die Definition des Sozialplanes kann Inhalt alles sein, was geeignet ist, die wirtschaftlichen Nachteile zu mildern oder auszugleichen. Für Mitarbeiter, die entlassen werden müssen, wird es um Abfindungen gehen.[13]

Sozialpläne enthalten aber auch Regelungen für die Mitarbeiter, die im Unternehmen bleiben, aber nicht mehr an ihrem alten, sondern an einem neuen Arbeitsplatz weiterbeschäftigt werden. Dies wird z.T. nur nach einer Umschulung möglich sein. Ein Sozialplan kann deshalb auch Regelungen über Umschulungsmaßnahmen[14], über damit verbundene Versetzungen, über die mit den Versetzungen verbundenen Kosten sowie Übergangsregelungen für die Bezahlung enthalten. Der letzte Punkt ist besonders wichtig. Ist die Bezahlung am neuen Arbeitsplatz niedriger, so kann z.B. vorgesehen werden, daß die Härten des Übergangs auf das niedrigere Entgelt durch eine einmalige Zahlung oder durch zeitlich begrenzte wiederholte Zahlungen als Übergangshilfen gemildert werden. Der Sozialplan kann die Verlängerung von Kündigungs-

13 Abfindungen werden in der Regel in Anlehnung an § 10 KSchG berechnet. Es werden also Monatsverdienst und Betriebszugehörigkeit berücksichtigt. Schließlich führen die „Sozialdaten" wie Alter und Unterhaltspflichten zu einem Prozentsatz des Monatsverdienstes. Die Formel für die Höhe der Abfindung heißt dann: Anzahl der Jahre der Betriebszugehörigkeit × Prozentsatz des Monatsverdienstes.

14 Zur Umschulung bei betriebsbedingter Kündigung vgl. Randnr. 257.

fristen vorsehen, mit der Maßgabe, daß noch für einen längeren Zeitraum auch auf dem neuen Arbeitsplatz oder während der Umschulung das alte Arbeitsentgelt gezahlt wird.

Schließlich können Regelungen gefunden werden, die älteren **469**
Mitarbeitern mit langer Betriebszugehörigkeit im Sinne der Besitzstandswahrung ihr einmal erreichtes Arbeitsentgelt belassen (Sicherung des sog. „Alterslohns“).[15] Verbreitet sind auch Regelungen, die den Übergang zu einer vorzeitigen Pensionierung unter Einschluß der Regelung für die betriebliche Altersversorgung enthalten. Die möglichen Regelungssachverhalte können hier nicht vollständig aufgeführt werden.

Um Sozialpläne von anderen Betriebsvereinbarungen abzu- **470**
grenzen, hier noch folgendes: Sozialpläne dürfen nur Regelungen für die von der Betriebsänderung betroffenen Arbeitnehmer enthalten. Da sie Härten ausgleichen oder mildern sollen, sind ihre Regelungen zeitlich zu begrenzen. Die Anwendung eines Sozialplans läuft also aus. In einem Sozialplan sollten keine Dauerregelungen enthalten sein, insbesondere nicht über Arbeitsentgelt, Arbeitszeit und Regelungen für die Gestaltung von Arbeitsplätzen. Die Einschränkung bezieht sich wie gesagt auf das zeitliche Element, denn inhaltlich können Sozialpläne auch Gegenstände regeln, die sonst nur von Tarifverträgen geregelt werden. Die Tarifsperre gemäß § 77 Abs. 3 gilt für Sozialpläne nicht (§ 112 Abs. 1 letzter Satz).[16]

Kommt eine Einigung über den Sozialplan nicht zustande, so **471**
ist wie beim Interessenausgleich eine zweistufige Vermittlung möglich. Zunächst kann der Präsident des Landesarbeitsamtes um Vermittlung ersucht werden, und sodann kann die Einigungsstelle angerufen werden.

Im Verfahren vor der Einigungsstelle besteht jedoch ein wichtiger Unterschied gegenüber den Verhandlungen um einen Interessenausgleich. Über die Aufstellung eines Sozialplans entscheidet die Einigungsstelle, wenn eine Einigung

15 Tarifverträge enthalten z.T. Schutzvorschriften gegen „Abgruppierung“, d.h. Umgruppierung in eine niedrigere tarifliche Lohngruppe. Geschützt werden ältere Arbeitnehmer nach einer bestimmten Zahl von Dienstjahren.

16 Zur „Tarifsperre“ vgl. Randnr. 292.

von Unternehmer und Betriebsrat nicht zustande kommt. Die Einigungsstelle hat dabei sowohl die sozialen Belange der betroffenen Arbeitnehmer zu berücksichtigen, als auch auf die wirtschaftliche Vertretbarkeit ihrer Entscheidung für das Unternehmen zu achten (§ 112 Abs. 5).

472 Das BetrVG in der Fassung des Beschäftigungsförderungsgesetzes von 1985 hat für die „im Rahmen billigen Ermessens" zu treffende Entscheidung der Einigungsstelle in § 112 Abs. 5 Ziff. 1 bis 3 Grundsätze aufgestellt. Von ihnen hat sich die Einigungsstelle leiten zu lassen.

Beim Ausgleich oder der Milderung wirtschaftlicher Nachteile hat sie Leistungen vorzusehen, „die in der Regel den Gegebenheiten des Einzelfalls Rechnung tragen". Die „Segnungen" des Sozialplans sollen also nicht „mit der Gießkanne" verteilt werden.

Die Chancen der betroffenen Arbeitnehmer auf dem Arbeitsmarkt sind zu berücksichtigen. Ein Sozialplan darf differenzieren zwischen Arbeitnehmern, die vor Ablauf der Kündigungsfrist einen Arbeitsplatz finden, und solchen, bei denen das nicht der Fall ist.[17] Zumutbare Weiterbeschäftigungsangebote führen bei Ablehnung zum Ausschluß von Leistungen.

Mitarbeiter, die nach Beendigung des Anspruchs auf Arbeitslosengeld übergangslos Rente beziehen, können von Sozialplanleistungen ausgenommen werden.[18] Das gilt auch, wenn Mitarbeiter vorgezogenes Altersruhegeld in Anspruch nehmen können.[19]

Die Gesamtbelastung durch den Sozialplan darf den Fortbestand des Unternehmens oder die verbleibenden Arbeitsplätze nicht gefährden.

Diese Grundsätze spiegeln frühere Fehlentwicklungen in der Praxis von Sozialplänen wider. Eine Korrektur brachte auch der § 112a BetrVG, der die Erzwingbarkeit von Sozialplänen einschränkte.

---

17 LAG Sachsen-Anhalt vom 13.7.1994, BB 1995 S. 105.
18 BAG vom 31.7.1996, BB 1997, S. 364.
19 BAG vom 26.7.1988, BB 1988 S. 2385.

Einschränkung der Erzwingbarkeit von Sozialplänen (§ 112a BetrVG)

Die Rechtsprechung des BAG, wonach ein bloßer Personalabbau eine Betriebsänderung sein kann[20], hatte die Zahl der Sozialpläne dramatisch erweitert. Diese waren über die Einigungsstelle auch alle erzwingbar. 473

Die Einigungsstellen waren auch vor 1985 gehalten, auf die „wirtschaftliche Vertretbarkeit" ihrer Entscheidungen für die Unternehmen zu achten. Erzwingbare Sozialpläne wurden dennoch für viele kleinere Unternehmen und Neugründungen von Unternehmen zu einem Damoklesschwert. Wirtschaftliche Schwierigkeiten führten zu Sozialplänen und diese zu Belastungen, die die wirtschaftlichen Schwierigkeiten verschärften. Das Beschäftigungsförderungsgesetz von 1985 schränkte deshalb durch den neu in das BetrVG eingefügten § 112a die Erzwingbarkeit in zwei Fällen ein, wenn die Betriebsänderung allein in der Entlassung von Arbeitnehmern besteht.

1. Fall: Bei kleinen und mittleren Betrieben werden für die Erzwingbarkeit von Sozialplänen die Kennzahlen (Prozentsatz, absolute Zahl) für die betroffenen Arbeitnehmer höher angesetzt. Bei einem Betrieb von 500 Mitarbeitern muß der Personalabbau 60 statt bei bisher 5 Prozent 25 Mitarbeiter erfassen (s. Ziffer 4 des Abs. 1 von § 112a).

2. Fall: In Betrieben von neu gegründeten Unternehmen können in den ersten vier Jahren nach der Unternehmensgründung Betriebsänderungen erfolgen, ohne daß dies zu erzwingbaren Sozialplänen führt.

§ 112a regelt nur die Erzwingbarkeit von Sozialplänen. Das heißt: Die Vorschriften über das Unterrichtungs- und Beratungsrecht des Betriebsrats über Interessenausgleich und Sozialplan werden nicht eingeschränkt. Sie gelten weiterhin bei Personalabbau, wenn die Zahlen und Prozentangaben nach § 17 KSchG erfüllt sind oder mindestens 5 Prozent der Belegschaft entlassen werden sollen. Auch kann ein Sozialplan freiwillig abgeschlossen werden. 474

20 Vgl. Randnr. 451.

475 Im Fall einer Betriebsstillegung behält der Betriebsrat zur Vereinbarung eines Sozialplans ein Restmandat. Das ist auch im Konkurs der Fall. Auch im Konkurs besteht die Verpflichtung, über den Abschluß eines Sozialplans zu verhandeln. Für den Arbeitgeber wird der Konkursverwalter/Insolvenzverwalter tätig.

476 Der Insolvenzverwalter kann eine Betriebsänderung beschleunigt durchführen, indem er unter bestimmten Voraussetzungen (s. § 122 InsO) eine Entscheidung des Arbeitsgerichts herbeiführt. Stimmt das Arbeitsgericht der Betriebsänderung zu, so erledigen sich Verhandlungen mit dem Betriebsrat, und ein Verfahren nach § 112 Abs. 2 entfällt.

477 § 113 regelt den Fall, daß der Arbeitgeber eine Betriebsänderung durchführt, ohne mit dem Betriebsrat einen Interessenausgleich versucht zu haben (Abs. 3) oder von einem Interessenausgleich abweicht (Abs. 1). Hier drohen dem Arbeitgeber Abfindungszahlungen oder der Ausgleich anderer wirtschaftlicher Nachteile der betroffenen Arbeitnehmer. Der § 113 Abs. 3 enthält eine verfahrensbeschleunigende Vorschrift, um etwaigen Verschleppungsversuchen des Betriebsrats entgegenzutreten (Satz 2 und 3).

4. Der Wirtschaftsausschuß

478 Der Wirtschaftsausschuß ist ein Sondergremium neben dem Betriebsrat. Er wird in allen Unternehmen mit in der Regel mehr als 100 ständig beschäftigten Arbeitnehmern gebildet (§ 106 Abs. 1).

Der Wirtschaftsausschuß besteht aus drei bis sieben Arbeitnehmern, die dem Unternehmen angehören müssen. Darunter können auch leitende Angestellte und muß ein Betriebsratsmitglied sein. Es können aber auch alle Mitglieder des Wirtschaftsausschusses gleichzeitig Betriebsratsmitglieder sein (§ 107 Abs. 1).

Die Mitglieder des Wirtschaftsausschusses werden nicht gewählt, sondern vom Betriebsrat für die Dauer seiner Amtszeit bestimmt (§ 107 Abs. 2).

Der Betriebsrat kann auch beschließen, die Aufgaben des Wirtschaftsausschusses einem Ausschuß des Betriebsrats zu übertragen (§ 107 Abs. 3).

Die Mitglieder sollen die zur Erfüllung ihrer Aufgaben erforderliche fachliche und persönliche Eignung besitzen. Der Wirtschaftsausschuß hat keinen Anspruch darauf, Sachverständige zu seinen Sitzungen hinzuzuziehen. Das ist nur möglich, wenn darüber eine Vereinbarung mit dem Arbeitgeber getroffen wird. Die Hinzuziehung eines Sachverständigen ist jedoch nicht zulässig, wenn er einen nicht vorhandenen Sachverstand des Wirtschaftsausschusses ausgleichen soll. In diesem Fall ist der Wirtschaftsausschuß in der Regel nicht ordnungsgemäß besetzt. **479**

Beauftragte einer im Betrieb vertretenen Gewerkschaft können an einer bestimmten Sitzung des Wirtschaftsausschusses teilnehmen, wenn ein Viertel der Mitglieder dies beantragt.[21] **480**

Der Wirtschaftsausschuß hat die Aufgabe, mit dem Unternehmer die wirtschaftlichen Angelegenheiten des Unternehmens zu beraten und den Betriebsrat zu unterrichten (§ 106 Abs. 1). Das Gesetz führt in 10 Punkten die beratungspflichtigen wirtschaftlichen Angelegenheiten auf, wobei in Ziff. 10 von § 106 Abs. 3 generalklauselartig auch sonstige Vorgänge und Vorhaben erwähnt werden, welche die Interessen der Arbeitnehmer des Unternehmens wesentlich berühren können. **481**

Um mit dem Unternehmer beraten zu können, muß der Wirtschaftsausschuß Informationen erhalten. Der Unternehmer hat deshalb den Wirtschaftsausschuß rechtzeitig und umfassend über alle beratungspflichtigen Angelegenheiten zu unterrichten, und zwar unter Vorlage der erforderlichen Unterlagen (§ 106 Abs. 2). Der Umfang der Unterrichtungspflicht wird nur dadurch eingeschränkt, daß die Betriebs- und Geschäftsgeheimnisse des Unternehmens nicht gefährdet werden dürfen.[22] Die Mitglieder des Wirtschaftsausschusses unterliegen allerdings wie die Mitglieder des Betriebsrats einer allgemeinen Verschwiegenheitspflicht[23], soweit es um Betriebs- **482**

---

21 § 31 analog nach BAG vom 25.6.1987, BB 1988 S. 1118.
22 Zum Begriff vgl. Randnr. 60.
23 Vgl. dazu Randnr. 60.

oder Geschäftsgeheimnisse geht, die ihnen wegen ihrer Zugehörigkeit zum Betriebsrat (oder Wirtschaftsausschuß) bekanntgeworden sind und die vom Arbeitgeber ausdrücklich als geheimhaltungsbedürftig bezeichnet worden sind (§ 79 Abs. 2).

483 Der Unternehmer informiert anhand der dazu erforderlichen Unterlagen. Die Mitglieder des Wirtschaftsausschusses sind berechtigt, diese Unterlagen einzusehen. Der Unternehmer muß diese aber nicht aushändigen.

Der Wirtschaftsausschuß soll monatlich einmal zusammentreten. An diesen Sitzungen hat der Unternehmer oder sein Vertreter teilzunehmen. Der Unternehmer kann fachkundige Arbeitnehmer des Unternehmens hinzuziehen. Das gilt auch für leitende Angestellte (§ 108 Abs. 1 und 2). In der Praxis ist es üblich, daß ein Vertreter der Unternehmens- oder Geschäftsleitung und die leitenden Angestellten an den Sitzungen des Wirtschaftsausschusses teilnehmen, deren Aufgabengebiet von den zu beratenden Punkten betroffen ist.

Der Wirtschaftsausschuß ist ein reines Beratungsgremium. Die Folgen, Initiativen und Entscheidungen, die sich aus den Beratungen auf Arbeitnehmerseite ergeben, sind Sache des Betriebsrats. Der Wirtschaftsausschuß hat über jede Sitzung dem Betriebsrat unverzüglich und vollständig zu berichten (§ 108 Abs. 4).

Einmal im Jahr hat die Unternehmensleitung im Wirtschaftsausschuß unter Beteiligung des Betriebsrats den Jahresabschluß zu erläutern (§ 108 Abs. 5).

484 Dem Anspruch des Wirtschaftsausschusses auf umfassende und rechtzeitige Unterrichtung wird dadurch Nachdruck verliehen, daß die Einigungsstelle angerufen werden kann, wenn zwischen beiden Seiten über Zeitpunkt, Art und Umfang der zu gebenden Informationen Meinungsverschiedenheiten bestehen. Parteien im Verfahren vor der Einigungsstelle sind dabei Unternehmer und Betriebsrat (§ 109). In Tendenzbetrieben[24] wird ein Wirtschaftsausschuß nicht gebildet. Die §§ 106 bis 110 finden keine Anwendung (§ 118 Abs. 1 Ziff. 2).

---

24 Vgl. zum Begriff Randnr. 4.

VI. Die Organisation der Betriebsverfassung

1. Die Wahl des Betriebsrats

Die regelmäßigen Betriebsratswahlen finden alle vier Jahre in der Zeit vom 1. März bis 31. Mai statt (§ 13). Das Gesetz führt eine Reihe von Fällen auf, in denen der Betriebsrat außerhalb dieser Zeit zu wählen ist (§ 13 Abs. 2). Einer dieser Fälle ist gegeben, wenn im Betrieb ein Betriebsrat noch nicht besteht. **485**

In einem Betrieb ohne Betriebsrat können jederzeit drei wahlberechtigte Arbeitnehmer oder eine im Betrieb vertretene Gewerkschaft zu einer Betriebsversammlung einladen (§ 17 Abs. 2). Zu dieser Betriebsversammlung können die Einladenden Vorschläge für die Zusammensetzung des Wahlvorstandes machen. Kommt es zur Wahl eines Wahlvorstandes, so leitet dieser die Betriebsratswahl ein, wie sie nachfolgend für regelmäßige Betriebswahlen beschrieben wird. **486**

Wahlberechtigt sind alle Arbeitnehmer, die am Wahltag das 18. Lebensjahr vollendet haben. Die Wahlberechtigung besteht ohne Rücksicht auf die Dauer der Betriebszugehörigkeit und die Staatsangehörigkeit (§ 7). Wählbar sind alle Wahlberechtigten, die dem Betrieb 6 Monate angehören (§ 8). Auch ausländische Arbeitnehmer sind wählbar und wahlberechtigt. **487**

Die Wahl wird von einem Wahlvorstand vorbereitet, geleitet und ausgewertet, der vom Betriebsrat bestellt wird (§ 16 Abs. 1). Jede im Betrieb vertretene Gewerkschaft kann einen Beauftragten in den Wahlvorstand entsenden (s. im einzelnen § 16 Abs. 1 letzter Satz).[1] **488**

Der Wahlvorstand hat eine Wählerliste aufzustellen, in der die Wahlberechtigten aufzuführen sind. Die Wählerliste wird zur Einsicht ausgelegt. Jeder Arbeitnehmer kann Einsprüche **489**

1 Vgl. Randnr. 39: In Betrieben mit weiblichen und männlichen Arbeitnehmern sollen beide Geschlechter im Wahlvorstand vetreten sein (§ 16 Abs. 1).

gegen die Richtigkeit und Vollständigkeit der Wählerliste einlegen. Der Wahlvorstand hat unverzüglich über die Einsprüche zu entscheiden (§ 4 WahlO).[2]

Beispiel:

Ein Arbeitnehmer ist in der Wählerliste nicht aufgeführt, weil der Arbeitgeber dem Wahlvorstand mitgeteilt hat, daß er ihn als leitenden Angestellten im Sinne von § 5 Abs. 3 Ziff. 3 ansehe.[3] Der betroffene Arbeitnehmer ist aber der Ansicht, daß er nicht leitender Angestellter sei und infolgedessen wahlberechtigt ist. Er kann Einspruch einlegen.

490 Meinungsverschiedenheiten zwischen Arbeitgeber und Betriebsrat über die Zahl der leitenden Angestellten erhalten immer bei Betriebsratswahlen praktische Bedeutung, weil das aktive und passive Wahlrecht dieser Arbeitnehmer davon abhängt. Der Wahlvorstand entscheidet über die Vollständigkeit und Richtigkeit der Wählerliste, d.h., er kann nach seinem Ermessen in der Wählerliste auch Arbeitnehmer aufführen, die der Arbeitgeber als leitende Angestellte ansieht. Der Arbeitgeber hat nicht die Möglichkeit, Einspruch gegen die Wählerliste einzulegen. Der Arbeitgeber kann aber jederzeit im Beschlußverfahren vor dem zuständigen Arbeitsgericht klären lassen, ob ein Arbeitnehmer leitender Angestellter ist oder nicht.[4] Dieses Recht haben auch der Betriebsrat und der betroffene Arbeitnehmer selbst.

491 Gewerbliche Arbeitnehmer (Arbeiter) und Angestellte wählen ihre Vertreter in den Betriebsrat in getrennten Wahlgängen (§ 14). Die Wahlberechtigten beider Gruppen können jedoch in getrennten und geheimen Abstimmungen eine gemeinsame Wahl beschließen.

492 Die Betriebsratswahl wird durch den Erlaß des Wahlausschreibens eingeleitet. Der Inhalt des Wahlausschreibens ist in § 3 Abs. 2 WahlO genau festgelegt. Es muß u. a. enthalten:

---

2 Erste Verordnung zur Durchführung des BetrVG vom 16.1.1972 (BGBl. I S. 49).

3 Zum Begriff vgl. Randnr. 8.

4 S. § 2a Abs. 1 Ziff. 1 ArbGG.

- die Zahl der zu wählenden Betriebsratsmitglieder und ihre Verteilung auf die Gruppen der Arbeiter und der Angestellten;
- die Feststellung, ob Gruppenwahl stattfindet oder ob gemeinsame Wahl beschlossen worden ist.

In dem Wahlausschreiben werden die wahlberechtigten Arbeitnehmer aufgefordert, Wahlvorschläge zu machen. Auch die im Betrieb vertretenen Gewerkschaften können Wahlvorschläge machen (§ 14 Abs. 5 und 8). **493**

Die Wahlvorschläge werden in Form von Vorschlagslisten eingereicht. Bei einer Wahl nach Gruppen (Arbeiter und Angestellte wählen ihre Vertreter getrennt – dies ist das in der Praxis übliche Verfahren) muß jeder Wahlvorschlag, also jede Vorschlagsliste, von mindestens einem Zwanzigstel der wahlberechtigten Gruppenangehörigen, mindestens jedoch von drei Wahlberechtigten unterzeichnet sein. In jedem Falle genügt die Unterzeichnung durch fünfzig wahlberechtigte Gruppenangehörige. Jede Vorschlagsliste soll doppelt so viele Bewerber aufweisen, wie Betriebsratsmitglieder zu wählen sind, damit beim Ausscheiden von Betriebsratsmitgliedern während der Amtszeit genügend Ersatzmitglieder zur Verfügung stehen.

Gehören viele Arbeitnehmer des Betriebs einer beistimmten Gewerkschaft an, so werden sie in der Regel bei der Aufstellung einer Vorschlagsliste aktiv werden und Kollegen vorschlagen, die eben dieser Gewerkschaft angehören. Auch Betriebsratsmitglieder können wie jeder andere Arbeitnehmer bei der Aufstellung von Wahlvorschlägen tätig werden. Die im Betrieb vertretene Gewerkschaft und die ihr angehörenden Betriebsratsmitglieder werden in der Regel das Einreichen nur einer Vorschlagsliste bevorzugen, weil sie durch das daran anknüpfende Wahlverfahren sicher sein können, daß ihre Kandidaten gewählt werden. Deshalb kann es für den Betrieb ein Politikum werden, wenn eine zweite oder weitere Vorschlagslisten eingereicht werden. **494**

Diese in bezug auf die im Betrieb dominierende Gewerkschaft „unabhängigen“ Vorschlagslisten führen nämlich zu einem anderen Wahlverfahren.

Liegt nur eine Vorschlagsliste vor, so erfolgt die Wahl nach den Grundsätzen der Mehrheitswahl. Der Wähler kennzeich- **495** net die von ihm gewählten Bewerber durch Ankreuzen an der hierfür vorgesehenen Stelle. Gewählt sind die Bewerber, die die meisten Stimmen erhalten haben. Liegen zwei oder mehrere Vorschlagslisten vor, so erfolgt die Wahl nach den Grundsätzen der Verhältniswahl. Der Wähler entscheidet sich für eine Liste und damit für die in ihr aufgeführten Kandidaten.

496 Die Zahl der Betriebsratsmitglieder richtet sich nach der Zahl der Arbeitnehmer eines Betriebes. Bei 5 bis 20 wahlberechtigten Arbeitnehmern wird ein Betriebsratsmitglied gewählt. Die Zahl steigt nach der in § 9 festgehaltenen Staffel an. In einem Betrieb mit 601 bis 1 000 Arbeitnehmern sind es z. B. 11 Betriebsratsmitglieder. Der Betriebsrat besteht jeweils aus einer ungeraden Zahl von Mitgliedern.

497 Arbeiter und Angestellte müssen entsprechend ihrem zahlenmäßigen Verhältnis im Betriebsrat vertreten sein, wenn dieser aus mindestens drei Mitgliedern besteht. Dieser sog. Minderheitenschutz ist zahlenmäßig in § 10 genau geregelt.

498 Die Mitglieder des Wahlvorstandes sowie die Wahlbewerber genießen einen besonderen Kündigungsschutz. Ihnen kann vom Zeitpunkt der Bestellung bzw. der Aufstellung des Wahlvorschlags an bis zur Dauer von 6 Monaten nach Bekanntgabe des Wahlergebnisses nicht gekündigt werden, es sei denn, daß Tatsachen vorliegen, die zur Kündigung aus einem wichtigen Grund ohne Einhaltung einer Kündigungsfrist berechtigen (§ 15 Abs. 3 KSchG). Eine solche Kündigung bedarf zusätzlich der Zustimmung des Betriebsrats (§ 103), wenn sie in der Zeit bis zur Bekanntgabe des Wahlergebnisses ausgesprochen werden soll.

2. Die Geschäftsführung des Betriebsrats

499 Nach Abschluß der Betriebsratswahl wählt der Betriebsrat aus seiner Mitte einen Vorsitzenden und dessen Stellvertreter. Besteht der Betriebsrat aus Vertretern beider Arbeitnehmergruppen (Arbeiter und Angestellte), so sollen der Vorsitzende und sein Stellvertreter nicht derselben Gruppe angehören (§ 26).

Der Vorsitzende (oder sein Stellvertreter) hat insbesondere folgende Aufgaben (§ 26 Abs. 3, § 29 Abs. 2): 500

- Er bestimmt über Zeitpunkt und Tagesordnung von Betriebsratssitzungen und lädt dazu ein.
- Er leitet die Betriebsratssitzungen.
- Er vertritt den Betriebsrat im Rahmen der vom Betriebsrat gefaßten Beschlüsse gegenüber dem Arbeitgeber.
- Er ist bevollmächtigt, Erklärungen entgegenzunehmen, die dem Betriebsrat gegenüber abzugeben sind.

Hinweis: Der Vorsitzende ist in der Regel nicht befugt, die Mitbestimmungsrechte stellvertretend für den Betriebsrat wahrzunehmen und entsprechende Entscheidungen zu treffen. Der Arbeitgeber muß wissen, daß die von ihm mündlich oder telefonisch eingeholte Zustimmung des Betriebsratsvorsitzenden bei personellen Einzelmaßnahmen oder bei der Anhörung wegen einer Kündigung nicht ausreichend sein kann. 501

Gibt der Betriebsratsvorsitzende für den Betriebsrat eine Erklärung ab, so spricht eine – allerdings jederzeit widerlegbare – Vermutung dafür, daß der Betriebsrat einen entsprechenden Beschluß gefaßt hat.[5]

Der Betriebsausschuß

Hat der Betriebsrat 9 oder mehr Mitglieder, so ist ein Betriebsausschuß zu bilden (§ 27). Er führt die laufenden Geschäfte. Der Betriebsrat kann dem Betriebsausschuß mit der Mehrheit der Stimmen seiner Mitglieder Aufgaben zur selbständigen Erledigung übertragen. Dies gilt nicht für den Abschluß von Betriebsvereinbarungen (§ 27 Abs. 3). 502

Hinweis: Anders als beim Vorsitzenden gilt die Zustimmung des Betriebsausschusses als Ausübung der Mitbestimmungsrechte des gesamten Betriebsrats, wenn der Betriebsrat dem Betriebsausschuß schriftlich Aufgaben zur selbständigen Erledigung übertragen hat (§ 27 Abs. 3). Übt der Betriebsausschuß gegenüber dem Arbeitgeber ein bestimmtes Mitwirkungsrecht des Betriebsrats aus, so kann sich der Betriebsrat nicht darauf berufen, daß der Betriebsausschuß dazu nicht

5 BAG vom 17.2.1981, BB 1981 S. 1092.

bevollmächtigt gewesen sei. Der Arbeitgeber muß nicht nachprüfen, wie im Innenverhältnis zwischen Betriebsrat und Betriebsausschuß die Zuständigkeiten geregelt worden sind.

503 Hat ein Betriebsrat weniger als 9 Mitglieder (und besteht infolgedessen kein Betriebsausschuß), so kann er die Erledigung der laufenden Geschäfte auf den Vorsitzenden des Betriebsrats übertragen. Eine Übertragung zur selbständigen Erledigung sieht das Gesetz nicht vor.

Betriebsversammlungen

504 Einmal in jedem Kalendervierteljahr hat der Betriebsrat eine Betriebsversammlung einzuberufen. Der Betriebsrat beschließt die Tagesordnung und erstattet einen Tätigkeitsbericht (§ 43 Abs. 1). Der Betriebsratsvorsitzende leitet die Betriebsversammlung. Ihm steht für die Dauer der Betriebsversammlung, auch wenn diese in den Räumen des Arbeitgebers stattfindet, das Hausrecht zu. Der Arbeitgeber ist zu den Betriebsversammlungen einzuladen. Er hat mindestens einmal in jedem Kalenderjahr über das Personal- und Sozialwesen und die wirtschaftliche Entwicklung des Betriebes zu informieren (§ 43 Abs. 2).

505 In der Betriebsversammlung können alle Angelegenheiten behandelt werden, die den Betrieb oder seine Arbeitnehmer unmittelbar betreffen (§ 45). Dazu zählen auch tarif- und sozialpolitische sowie wirtschaftliche Angelegenheiten.[6] Der Betriebsrat hat darauf zu achten, daß keine unzulässigen Themen besprochen werden und daß die Friedenspflicht[7] gewahrt bleibt.

506 An den Betriebsversammlungen können Beauftragte der im Betrieb vertretenen Gewerkschaften beratend teilnehmen. Nimmt der Arbeitgeber an der Betriebsversammlung teil, so kann er einen Beauftragten des Arbeitgeberverbandes, dem er angehört, hinzuziehen (§ 46).

Die Grundsätze des § 74 Abs. 2 (betriebliche Friedenspflicht und Pflicht zur politischen Neutralität) sind bei der Themen-

---

6 Sowie Fragen der Frauenförderung und der Vereinbarkeit von Familie und Beruf, vgl. Randnr. 40.

7 Zur Friedenspflicht vgl. Randnr. 23.

wahl in der Betriebsversammlung zu beachten. Der Betriebsrat muß also z. B. einem Arbeitnehmer das Wort entziehen, wenn dieser einen Streikaufruf verliest.

Die Betriebsversammlung ist nicht öffentlich, d. h., es haben nur die Personen Zugang, die nach dem Gesetz an der Betriebsversammlung teilnehmen können oder vom Betriebsrat eingeladen worden sind. Bei seinen Einladungen hat der Betriebsrat aber die eben erwähnten Grundsätze des § 74 Abs. 2, z. B. den der politischen Neutralität, zu berücksichtigen.

Der Betriebsrat kann also z. B. durchaus einen bekannten Politiker als betriebsfremden Referenten einladen und ihn ein Kurzreferat zu einem sozialpolitischen Thema von unmittelbarem Interesse für den Betrieb und seine Arbeitnehmer halten lassen. Es liegt aber eine unzulässige parteipolitische Betätigung vor, wenn ein derartiges Referat gerade zur Zeit des Wahlkampfes von einem Spitzenpolitiker in seinem Wahlkreis im Rahmen seiner Wahlkampfstrategie in einer Betriebsversammlung gehalten wird.[8]

Alle im Betrieb beschäftigten Arbeitnehmer haben ein Recht, an der Betriebsversammlung teilzunehmen, also auch die nicht wahlberechtigten Arbeitnehmer[9], die Jugendlichen, Teilzeitbeschäftigten und Leiharbeiter, nicht aber die leitenden Angestellten. Letztere können aber als Gäste teilnehmen, wenn der Betriebsrat sie einlädt. Sie können auch als Vertreter des Arbeitgebers teilnehmen oder wenn sie den Arbeitgeber als Sachverständige oder Auskunftspersonen begleiten. Es besteht für keinen Arbeitnehmer eine Pflicht zur Teilnahme. Die Betriebsversammlungen finden während der Arbeitszeit statt. Die Zeit der Teilnahme ist wie Arbeitszeit zu vergüten. Nehmen Arbeitnehmer nicht an einer Betriebsversammlung teil, so besteht für sie Arbeitspflicht. **507**

8 BAG vom 13. 9. 1977, BB 1978 S. 43.

9 Arbeitnehmer, die das 18. Lebensjahr nicht vollendet haben (§ 7).

Abteilungsversammlung

508 Die Abteilungsversammlung besteht aus den Arbeitnehmern organisatorisch oder räumlich abgegrenzter Betriebsteile. Sie setzt also zunächst voraus, daß der Betrieb in Betriebsteile gegliedert ist. Der Betriebsteil muß ein relativ selbständiger Teil sein. Es reicht aber, wenn er entweder räumlich oder organisatorisch vom Betrieb abgegrenzt ist. Weitere Voraussetzung ist, daß die Zusammenfassung zu einer Abteilungsversammlung für die Erörterung der besonderen Belange der Arbeitnehmer erforderlich ist. Es muß sich um Belange handeln, die nur die Arbeitnehmer des Betriebsteils angehen und deshalb für eine Erörterung in einer Betriebsversammlung wenig geeignet sind oder dort nicht mit der gebotenen Sorgfalt erörtert werden können. Der Betriebsrat beschließt im Rahmen seines normalen Beschlußverfahrens (§ 33), ob eine Abteilungsversammlung abgehalten werden soll. Für Einberufung und Durchführung sowie Teilnahmeberechtigung gilt das für die Betriebsversammlung Gesagte entsprechend. Bestreitet der Arbeitgeber, daß die Voraussetzungen für eine Abteilungsversammlung vorliegen, so entscheidet das Arbeitsgericht im Beschlußverfahren. Liegen diese Voraussetzungen vor, so hat der Betriebsrat zwei der vier im Jahr abzuhaltenden Betriebsversammlungen als Abteilungsversammlungen durchzuführen (§ 43 Abs. 1 Satz 2).

509 Die regelmäßige oder ordentliche Betriebsversammlung findet einmal im Kalendervierteljahr statt. Der Betriebsrat kann in jedem Kalenderhalbjahr eine weitere Betriebsversammlung oder Abteilungsversammlung durchführen, wenn dies aus besonderen Gründen zweckmäßig erscheint (§ 43 Abs. 1 Satz 4).[10] Der Betriebsrat ist berechtigt und auf Wunsch des Arbeitgebers oder von mindestens einem Viertel der wahlberechtigten Arbeitnehmer verpflichtet, eine Betriebsversammlung einzuberufen. Er muß den beantragten Beratungsgegenstand auf die Tagesordnung setzen (§ 43 Abs. 3).

10 Besondere Gründe: Außergewöhnliche betriebliche Vorkommnisse führen zu einem Bedürfnis nach zusätzlichen aktuellen Informationen.

Beispiel:

Ein Viertel der wahlberechtigten Arbeitnehmer einer Abteilung der Hauptverwaltung des Betriebs beantragt eine Abteilungsversammlung. Die Voraussetzung für eine Abteilungsversammlung ist in diesem Fall nicht gegeben, denn es fehlt schon an der räumlichen und organisatorischen Abgrenzung. Beschließt der Betriebsrat dennoch die Abhaltung dieser Abteilungsversammlung, so könnte der Arbeitgeber beim Arbeitsgericht dagegen vorgehen. **510**

Hinweis: Der Arbeitgeber kann in seinem Betrieb jederzeit sonstige Versammlungen von Arbeitnehmern – Belegschaftsversammlungen – einberufen oder gestatten. Er kann z. B. alle Mitarbeiter des Betriebs versammeln, um ihnen Informationen zu geben oder bestimmte Themen zur Diskussion zu stellen. Er kann auf solchen Versammlungen auch Fragen erörtern, die zum Aufgabenbereich des Betriebsrats gehören. Dadurch wird in die Rechte des Betriebsrats nicht eingegriffen. Der Arbeitgeber ist in diesen Versammlungen an die betriebliche Friedenspflicht gebunden und hat auf politische Neutralität zu achten. Die Vorschriften über die Betriebsversammlungen finden keine Anwendung. Der Arbeitgeber hat das Hausrecht. Er kann den Teilnehmerkreis festlegen und die Arbeitnehmer anweisen, an der Versammlung teilzunehmen. Diese Versammlungen dürfen jedoch nicht zu „Gegenveranstaltungen" von Betriebsversammlungen mißbraucht werden.[11] **511**

Die Betriebsversammlungen finden während der Arbeitszeit statt, soweit nicht die Eigenart des Betriebs eine andere Regelung zwingend erfordert (§ 44 Abs. 1 Satz 1). Dies kann auch zur Schließung eines Kaufhauses während der Ladenöffnungszeiten führen, wenn auch nicht gerade während eines Zeitraums von 3 Wochen vor dem Osterfest.[12]

Betriebsratssitzungen

Der Betriebsrat hat das Recht, Sitzungen abzuhalten (§ 30). **512**
Der Vorsitzende entscheidet nach seinem pflichtgemäßen Er-

---

11 BAG vom 27. 6. 1989, BB 1989 S. 2254.
12 LAG Baden-Württemberg vom 12. 7. 1979, BB 1980 S. 1267.

messen über Zeitpunkt, Häufigkeit und Tagesordnung der Betriebsratssitzungen. Die Sitzungen finden in der Regel während der Arbeitszeit statt. Sie sind nicht öffentlich. Der Arbeitgeber ist vom Zeitpunkt der Sitzungen vorher zu verständigen (§ 30). Die Teilnahmezeit gilt für die Betriebsratsmitglieder als Arbeitszeit und wird entsprechend bezahlt. Die Betriebsratsmitglieder benötigen für die Teilnahme an der Betriebsratssitzung nicht die Erlaubnis des Arbeitgebers oder ihres Vorgesetzten. Sie müssen sich aber beim Verlassen des Arbeitsplatzes abmelden. Der Betriebsratsvorsitzende hat nicht die Pflicht, jeden Vorgesetzten eines Betriebsratsmitgliedes über den Termin zu informieren. Der Arbeitgeber, d.h. die Geschäftsleitung oder die von ihm beauftragte Personalabteilung, sollte die Vorgesetzten vorher über Termine von Betriebsratssitzungen informieren.

513 Der Betriebsrat hat bei der Ansetzung von Betriebsratssitzungen auf die betrieblichen Notwendigkeiten Rücksicht zu nehmen (§ 30). Der Arbeitgeber kann beantragen, daß der Betriebsrat Sitzungen zu einem anderen Zeitpunkt abhält.

Beispiel:

Gleich drei Betriebsratsmitglieder gehören einer Abteilung an. Die Abteilung kann wegen Urlaubs und Krankheit zum Zeitpunkt der beabsichtigten Betriebsratssitzung wegen dringender Terminaufträge auf diese drei Arbeitnehmer nicht verzichten. Der Betriebsrat wird dies anerkennen und einen neuen Termin festsetzen müssen.

In größeren Betrieben ist es üblich, daß die Betriebsratssitzungen immer zu einem bestimmten Zeitpunkt stattfinden, also z.B. alle zwei Wochen Dienstag nachmittags. Der Arbeitgeber kann so die Abwesenheit der Betriebsratsmitglieder vom Arbeitsplatz besser einplanen.

Die Betriebsratsmitglieder sind nicht verpflichtet, an den Betriebsratssitzungen teilzunehmen. Sie haben ihre Abwesenheit dem Vorsitzenden rechtzeitig vorher mitzuteilen, damit dieser ein Ersatzmitglied einladen kann. Ein Betriebsratsmitglied kann nach seinem Ermessen einer Sitzung auch fernbleiben, weil es die Erledigung seiner Arbeit für vordringlicher hält.

Der Arbeitgeber kann an einer Betriebsratssitzung teilnehmen, wenn er dazu eingeladen wird. Er kann auch eine außerordentliche Betriebsratssitzung beantragen und einen Gegenstand nennen, den er behandelt wissen will. Der Betriebsratsvorsitzende hat dann die Sitzung einzuberufen und den Gegenstand auf die Tagesordnung zu setzen. Dieses Recht hat auch ein Viertel des Betriebsrats (§ 29 Abs. 3). 514

Hat der Arbeitgeber an einer Betriebsratssitzung teilgenommen, so ist ihm der entsprechende Teil der Sitzungsniederschrift abschriftlich auszuhändigen. Er kann Einwendungen gegen die Niederschrift erheben. Dies muß unverzüglich und schriftlich geschehen. Sie sind der Niederschrift beizufügen (§ 34 Abs. 2).

Sprechstunden des Betriebsrats

Der Betriebsrat kann während der Arbeitszeit Sprechstunden 515
einrichten. Zeit und Ort sind mit dem Arbeitgeber zu vereinbaren (§ 39). Die Sprechstunden dienen der Beratung der Arbeitnehmer in Fragen, die zum Aufgabenbereich des Betriebsrats gehören.

Beispiel:

Ein Arbeitnehmer soll gekündigt werden. Der Betriebsrat 516
wird angehört. Der Betriebsrat kann den Arbeitnehmer in die Sprechstunde einladen und mit ihm die Kündigung erörtern.

Ein Arbeitnehmer kann auch von sich aus die Sprechstunde des Betriebsrats aufsuchen, wenn er ein Anliegen hat, dessen Erörterung zum Aufgabenbereich des Betriebsrats gehört, z.B. die Einlegung einer Beschwerde. Der Arbeitnehmer muß sich beim Arbeitgeber oder Vorgesetzten abmelden. Durch den Besuch der Sprechstunde darf kein Verdienstausfall entstehen. Der Arbeitgeber oder Vorgesetzte hat keinen Anspruch darauf, von dem Arbeitnehmer zu erfahren, aus welchem Grunde er die Sprechstunde aufsucht. Von dem Recht, die Sprechstunde des Betriebsrats zu besuchen, darf der einzelne Arbeitnehmer aber nicht rechtsmißbräuchlich Gebrauch machen. Dies ist aber der Fall, wenn er sie häufiger besucht, als das sachlich notwendig ist. Der Arbeitgeber kann dann den Besuch der Sprechstunde untersagen oder die ausfallende Arbeitszeit nicht bezahlen. Im Streitfall würde dann vom Arbeitsgericht geklärt werden müssen, ob der häufige Besuch der Sprechstunde gerechtfertigt war.

Freigestellte Betriebsratsmitglieder

517 In Betrieben mit mehr als 300 Arbeitnehmern ist ein Betriebsratsmitglied von seiner beruflichen Tätigkeit freizustellen. Die Anzahl der freizustellenden Betriebsratsmitglieder steigt dann mit der Anzahl der Arbeitnehmer des Betriebs an. Das Nähere regelt § 38. Über die Freistellung beschließt der Betriebsrat. Er hat sich dabei mit dem Arbeitgeber zu beraten. Bei der Zahl der freigestellten Betriebsratsmitglieder sind die beiden Gruppen der Arbeitnehmer (Arbeiter und Angestellte) angemessen zu berücksichtigen. Der Arbeitgeber kann die Einigungsstelle anrufen, wenn er mit dem Beschluß des Betriebsrats über Freistellungen nicht einverstanden ist. Betriebsrat und Arbeitgeber können abweichend von § 38 anderweitige Regelungen über die Freistellung vereinbaren (§ 38 Abs. 1 letzter Satz), also auch eine höhere oder niedrigere Anzahl freizustellender Betriebsratsmitglieder vereinbaren, als im Gesetz vorgesehen ist. Die Staffel von § 38 enthält die Mindestzahlen der freizustellenden Betriebsratsmitglieder. Der Betriebsrat kann nach Beratung mit dem Arbeitgeber weitere Freistellungen beschließen. Dabei hat er sich an die Grundregel des § 37 Abs. 2 zu halten, wonach Mitglieder des Betriebsrats von ihrer beruflichen Tätigkeit zu befreien sind, wenn und soweit es nach Umfang und Art des Betriebs zur ordnungsgemäßen Durchführung ihrer Aufgaben erforderlich ist. Bestreitet der Arbeitgeber die Notwendigkeit weiterer Freistellungen, so entscheidet nicht die Einigungsstelle, sondern das Arbeitsgericht.

518 Der Betriebsrat darf die Freistellung eines seiner Mitglieder auf mehrere Mitglieder verteilen – z.B. je zur Hälfte auf 2 Mitglieder. Der Arbeitgeber kann geltend machen, daß ihn dies vor besondere organisatorische Probleme stelle.[13]

---

13 BAG vom 26.6.1996, BB 1996 S. 2356.

Die Kosten der Tätigkeit des Betriebsrats

Die durch die Tätigkeit des Betriebsrats entstehenden Kosten trägt der Arbeitgeber (§ 40 Abs. 1). Er hat für die Sitzungen, die Sprechstunden und die laufende Geschäftsführung des Betriebsrats in erforderlichem Umfang Räume, sachliche Mittel und Büropersonal zur Verfügung zu stellen (§ 40 Abs. 2). **519**

In größeren Betrieben wird der Betriebsrat seine Kosten planen und im Etat mit dem Arbeitgeber vorher abstimmen. Er wird gehalten sein, außerordentliche und nicht vorhersehbare Ausgaben und Kosten jeweils mit dem Arbeitgeber abzustimmen. Im übrigen ist er schon aus dem Grundsatz der vertrauensvollen Zusammenarbeit heraus zu wirtschaftlicher Verwendung der ihm zur Verfügung gestellten Mittel verpflichtet.

Die Erhebung und Leistung von Beiträgen der Arbeitnehmer **520** für Zwecke des Betriebsrats ist unzulässig (§ 41). Dem Betriebsrat ist es auch verboten, freiwillige Spenden von Betriebsangehörigen entgegenzunehmen. Die Beschlüsse des Betriebsrats oder der Betriebsversammlung über die Leistung solcher Beiträge sind nichtig. Dem Betriebsrat ist es auch untersagt, Zuwendungen von dritter Seite, z. B. von Gewerkschaften oder politischen Parteien, entgegenzunehmen.

Durch diese Regelung soll die Unabhängigkeit des Betriebsrats von bestimmten Gruppen von Arbeitnehmern oder von dritten Stellen außerhalb des Betriebs gesichert werden. Daß der Arbeitgeber die Betriebsratsarbeit finanziert, gefährdet nicht die Unabhängigkeit der Amtsführung des Betriebsrats, denn sein Verhältnis zum Arbeitgeber, seine Rechte und Pflichten sind im Betriebsverfassungsgesetz abschließend und umfassend geregelt. Das Gesetz selbst sichert die Unabhängigkeit des Betriebsrats gegenüber dem Arbeitgeber.

Die Information der Belegschaft durch den Betriebsrat

Der Betriebsrat hat die Arbeitnehmer über seine Tätigkeit zu **521** unterrichten. Diese haben wiederum das Recht, dazu Stellung zu nehmen. Der Informationsaustausch zwischen Arbeitnehmern eines Betriebes und ihren gewählten Vertretern vollzieht sich in den vom Gesetz dafür vorgesehenen Formen, nämlich in Betriebs- und Abteilungsversammlungen und in Sprechstunden. Im übrigen ist es Sache des pflichtgemäßen Ermessens des Betriebsrats, auf welche Weise er die Arbeitnehmer sonst informieren will. Dabei wird er Größe und wirtschaftliche Situation des Betriebs berücksichtigen müssen.

Der Betriebsrat hat die Möglichkeit, an mit dem Arbeitgeber abzusprechenden Stellen im Betrieb schriftliche Informationen auszuhängen. Es ist ihm aber auch nicht verwehrt, die Belegschaftsangehörigen durch Informationsschreiben zu unterrichten. Der Inhalt der Informationen muß sich im Rahmen des gesetzlichen Zuständigkeitsbereiches des Betriebsrats halten. Er darf nicht gegen das Verbot parteipolitischer Betätigung im Betrieb verstoßen und darf Betriebsablauf und Betriebsfrieden nicht stören. Ausgeschlossen sind auch Informationen über betriebliche Angelegenheiten, die gemäß § 79 geheimzuhalten sind oder für die sich aus dem Gebot der vertrauensvollen Zusammenarbeit eine Pflicht zum Stillschweigen ergibt.

Der Betriebsrat darf die Arbeitnehmer auch über die Ansicht einer Gewerkschaft zu sozialpolitischen oder tariflichen Fragen informieren. Beim Arbeitskampf allerdings muß er sich in diesem Punkt zurückhalten, da in dieser Situation seine Neutralität gefordert ist.

3. Die Stellung des einzelnen Betriebsratsmitglieds

Das unentgeltliche Ehrenamt

522 Betriebsratsmitglieder dürfen wegen ihrer Tätigkeit nicht benachteiligt oder begünstigt werden; dies gilt auch für ihre berufliche Entwicklung. Die Mitglieder des Betriebsrats führen ihr Amt unentgeltlich als Ehrenamt (§ 37 Abs. 1). Der ehrenamtliche Charakter des Betriebsratsamtes soll die innere Unabhängigkeit des Betriebsratsmitglieds gewährleisten. Aus der Mitgliedschaft zum Betriebsrat darf kein Vorteil gezogen werden, den das Gesetz selbst nicht gewährt, wie der verstärkte Kündigungsschutz gemäß § 15 Kündigungsschutzgesetz. Andererseits darf durch die Amtsführung keine Einbuße an Lohn oder Gehalt entstehen.

Das Gesetz verbietet die Zahlung eines Entgelts für die Tätig- **523**
keit des Betriebsratsmitglieds. Unzulässig ist damit auch die Zahlung von Sitzungsgeldern oder die Bezahlung für die Zeit, die ein Betriebsratsmitglied außerhalb der normalen Arbeitszeit für Betriebsratsaufgaben tätig ist. Zu diesem Grundsatz gibt es nur eine Ausnahme, und zwar, wenn die Betriebsratstätigkeit aus betriebsbedingten Gründen außerhalb der Arbeitszeit durchgeführt werden muß. In diesem Fall hat das Betriebsratsmitglied Anspruch auf entsprechende Arbeitsbefreiung unter Fortzahlung des Arbeitsentgelts. Die Arbeitsbefreiung ist vor Ablauf eines Monats zu gewähren, und nur dann, wenn dies aus betriebsbedingten Gründen nicht möglich ist, ist die aufgewendete Zeit wie Mehrarbeit zu vergüten (§ 37 Abs. 3).

Freistellung von der Arbeit[14]

Mitglieder des Betriebsrats sind von ihrer beruflichen Tätig- **524**
keit ohne Minderung des Arbeitsentgelts zu befreien, wenn und soweit es nach Umfang und Art des Betriebs zur ordnungsgemäßen Durchführung ihrer Aufgaben erforderlich ist (§ 37 Abs. 2). Diese Vorschrift gilt gerade für die nicht voll freigestellten Betriebsratsmitglieder. Sie haben wie alle Arbeitnehmer ihrer Verpflichtung zur Arbeitsleistung nachzukommen. Sie sind jedoch teilweise von dieser Arbeitsleistung befreit, wenn sie ihrer Tätigkeit als Betriebsratsmitglied nachgehen. Dies gilt für die Teilnahme an Betriebsratssitzungen, an Ausschußsitzungen, an Betriebsversammlungen, an Abteilungsversammlungen oder um die Sprechstunde des Betriebsrats wahrzunehmen. Für die Betriebsratstätigkeit der nicht voll freigestellten Betriebsratsmitglieder ist auch zu berücksichtigen, ob und wie viele Betriebsratsmitglieder völlig freigestellt sind und deshalb die laufenden Geschäfte des Betriebsrats wahrnehmen können. Aber auch ein nicht voll freigestelltes Betriebsratsmitglied kann als Mitglied eines entsprechenden Betriebsratsausschusses an Betriebsbegehungen teilnehmen, die Einhaltung von Unfallverhütungsvor-

14 Die vollständige Freistellung von Betriebsratsmitgliedern regelt § 38.

schriften kontrollieren, im Betrieb ausgebrochene Streitigkeiten schlichten und Beschwerden von Arbeitnehmern entgegennehmen.

525 Andererseits ist ein nicht voll freigestelltes Betriebsratsmitglied nicht befugt, sich nach freiem Ermessen Aufgaben selbst zu setzen und diesen Aufgaben während der Arbeitszeit nachzugehen. Es ist nicht zulässig, andere Arbeitnehmer während der Arbeitszeit am Arbeitsplatz in Gespräche zu ziehen und auf diese Weise von der Arbeit abzuhalten.

Beispiel:

Ein nicht freigestelltes Betriebsratsmitglied macht aus eigenem freien Entschluß ohne sachlichen Anlaß und Auftrag des Betriebsrats eine Betriebsbegehung. Dabei erkundigt es sich bei den Arbeitnehmern, ob sie etwa Beschwerden vorzubringen hätten, und führt am Arbeitsplatz Gespräche über aktuelle politische Fragen. Dies ist unzulässig.

526 Andererseits braucht ein nicht freigestelltes Betriebsratsmitglied einen Arbeitnehmer, der ihn während der Arbeitszeit um eine Auskunft bittet, nicht auf die Sprechstunde oder ein freigestelltes Betriebsratsmitglied zu verweisen. Das Betriebsratsmitglied führt sein Amt in eigener Verantwortung, und ein solches Gespräch kann im Sinne von § 37 Abs. 2 „erforderlich" sein.[15]

Ein nicht freigestelltes Betriebsratsmitglied hat sich bei seinem Vorgesetzten unter Nennung des Grundes und des Zeitaufwandes abzumelden, wenn es Aufgaben des Betriebsrats wahrnimmt.[16] Es hat sich auch wieder zurückzumelden.

Auch ein nicht freigestelltes Betriebsratsmitglied kann den Betrieb verlassen, um Betriebsratsaufgaben wahrzunehmen. Dazu bedarf es nicht der Zustimmung des Arbeitgebers oder Vorgesetzten. Aber auch hier besteht eine Pflicht zur Abmeldung und zur Nennung des Grundes für das Arbeitsversäumnis.

---

15 BAG vom 6.8.1981, BB 1982 S. 675.

16 BAG vom 15.3.1995, BB 1995 S. 1744.

Weiteres zu Ehrenamt und Nachteilsverbot

Das Arbeitsentgelt von Betriebsratsmitgliedern muß stets an das vergleichbarer Arbeitnehmer des Betriebs mit betriebsüblicher Entwicklung angeglichen werden. Dies gilt für die gesamte Amtszeit und ein Jahr danach (§ 37 Abs. 4).[17] **527**

Betriebsratsmitglieder dürfen grundsätzlich einschließlich eines Zeitraumes von einem Jahr nach Beendigung der Amtszeit nur mit Tätigkeiten beschäftigt werden, die den Tätigkeiten vergleichbarer Arbeitnehmer mit betriebsüblicher Entwicklung gleichwertig sind (§ 37 Abs. 5).

Freigestellte Betriebsratsmitglieder dürfen von inner- und außerbetrieblichen Maßnahmen der Berufsbildung nicht ausgeschlossen werden. Innerhalb eines Jahres nach Beendigung ihrer Amtszeit ist ihnen Gelegenheit zu geben, eine wegen Freistellung unterbliebene betriebliche berufliche Entwicklung nachzuholen (§ 38 Abs. 4).

Betriebsratsmitglieder genießen einen besonderen Kündigungsschutz. So ist die ordentliche Kündigung während ihrer Amtszeit und ein Jahr danach ausgeschlossen (§ 15 Abs. 1 KSchG). **528**

Schulungs- und Bildungsveranstaltungen für Betriebsratsmitglieder

Betriebsratsmitglieder haben Anspruch auf bezahlte Freistellung zur Teilnahme an Schulungs- und Bildungsveranstaltungen. Das Gesetz kennt zwei unterschiedlich gestaltete Anspruchsgrundlagen: **529**

1. Anspruch nach § 37 Abs. 6: Hier geht es um Schulungen, die in aktuelle betriebsbezogene Materien einführen, wobei Kenntnisse vermittelt werden, die für die Arbeit des Betriebsrats konkret erforderlich sind. Es wird sich meist um kurze, d.h. ein-, zwei- oder dreitägige Veranstaltungen handeln. Der **530**

---

17 Dies ist besonders wichtig für voll freigestellte Betriebsratsmitglieder nach § 38. Es muß eine Betrachtung und Einschätzung darüber stattfinden, wie sich ihr Arbeitsentgelt bei Nichtfreistellung und/oder ohne Betriebsratstätigkeit entwickelt hätte. Das schließt bei jahrelang freigestellten Betriebsratsmitgliedern mögliche und unterbliebene Karriereentwicklungen ein.

Anspruch steht dem Betriebsrat als Organ zu. Das bedeutet, der Betriebsrat selbst entscheidet durch Beschluß, wer von seinen Mitgliedern an diesen Veranstaltungen teilnimmt. Er hat dem Arbeitgeber die Teilnahme und die zeitliche Lage der Veranstaltungen rechtzeitig bekanntzugeben und betriebliche Notwendigkeiten zu berücksichtigen. Einer Zustimmung des Arbeitgebers bedarf es nicht.

531 Der Arbeitgeber kann die Einigungsstelle anrufen, wenn er der Ansicht ist, der Beschluß des Betriebsrats berücksichtige die betrieblichen Notwendigkeiten nicht ausreichend. Hat der Arbeitgeber der Teilnahme eines Betriebsratsmitglieds widersprochen und die Einigungsstelle angerufen, so muß der Betriebsrat die Entsendung zur Schulung bis zur Klärung der Streitfrage zurückstellen.

Die vermittelten Kenntnisse müssen für die Arbeit des Betriebsrats erforderlich sein. Dabei kommt es nicht auf die Betriebsratsarbeit allgemein an, sondern auf aktuelle Bedürfnisse. Es genügt nicht, daß die Kenntnisse verwertbar und nützlich sind. Sie müssen für die Arbeit des Betriebsrats notwendig sein. Dabei ist auf die konkrete Situation im Betrieb abzustellen.[18]

532 Nach der Rechtsprechung des Bundesarbeitsgerichts braucht der Arbeitgeber Betriebsratsmitglieder für folgende Veranstaltungen nicht bezahlt freizustellen:

- Schulungsveranstaltungen über allgemeine betriebswirtschaftliche und organisatorische Fragen;
- Schulungsveranstaltungen, in denen Kenntnisse vermittelt werden, die bei dem Betriebsratsmitglied bereits vorhanden sind;
- eine vierzehntägige Schulung allgemeinen Charakters über die Betriebsratstätigkeit für einen seit 2 Jahren freigestellten Betriebsratsvorsitzenden;
- Betriebsratsmitglieder mit mehrjähriger Amtszeit für Schulungsveranstaltungen über das Jugendarbeitsschutzgesetz;
- Schulungsveranstaltungen, die laufend über die Rechtsprechung zum Betriebsverfassungsgesetz informieren;

---

18 BAG vom 6.5.1975, BB 1975 S. 1112, st. Rspr.; BAG vom 15.1. 1997, BB 1997 S. 319.

– eine Schulungsveranstaltung mit dem Thema „Ziele gewerkschaftlicher Bildung“. Hier fehlt von vornherein jeglicher Bezug zur Betriebsratsarbeit und zur konkreten Situation im Betrieb.

Die Kosten der Schulungsveranstaltungen einschließlich Reisekosten trägt der Arbeitgeber. Der Betriebsrat ist verpflichtet, den Arbeitgeber nur mit Kosten zu belasten, die er der Sache nach für verhältnismäßig und deshalb für den Arbeitgeber zumutbar halten darf. Er muß darauf bedacht sein, die Kosten auf das notwendige Maß zu beschränken. Der Aufwand für die Schulung muß zur Größe und Leistungsfähigkeit des Betriebs in einem vernünftigen Verhältnis stehen. Bei dieser Prüfung spielen die Dauer und die örtliche Lage der Veranstaltung und die Anzahl der zu entsendenden Betriebsratsmitglieder eine Rolle. **533**

2. Schulungs- und Bildungsveranstaltungen nach § 37 Abs. 7: **534** Unabhängig von dem Anspruch nach Abs. 6 hat jedes Mitglied des Betriebsrats während seiner regelmäßigen Amtszeit, also innerhalb von vier Jahren, Anspruch auf bezahlte Freistellung für insgesamt drei Wochen zur Teilnahme an Schulungs- und Bildungsveranstaltungen. Es muß sich um Veranstaltungen handeln, die von der zuständigen obersten Arbeitsbehörde des Landes nach Beratung mit den Spitzenorganisationen der Gewerkschaften und der Arbeitgeberverbände als geeignet anerkannt sind. Ein Arbeitnehmer, der erstmals das Amt eines Betriebsratsmitglieds übernimmt und auch zuvor nicht Jugend- und Auszubildendenvertreter war, hat Anspruch auf insgesamt vier Wochen bezahlter Freistellung.

4. Sonstige Organe der Betriebsverfassung

4.1 Die Jugend- und Auszubildendenvertretung (JAV)

In Betrieben mit in der Regel mindestens fünf Arbeitnehmern, die das 18. Lebensjahr noch nicht vollendet haben (jugendliche Arbeitnehmer) oder die zu ihrer Berufsausbildung beschäftigt sind und das 25. Lebensjahr noch nicht vollendet haben, wird eine Jugend- und Auszubildendenvertretung (JAV) errichtet (§ 60 Abs. 1). **535**

Die JAV kann nur über den Betriebsrat mit dem Arbeitgeber verhandeln. Der Betriebsrat ist das ausschließliche Vertretungsorgan der gesamten Belegschaft, d. h. auch der jugendlichen Arbeitnehmer und der Auszubildenden. Der Betriebsrat hat die Wahl der JAV vorzubereiten und durchzuführen und mit ihr zusammenzuarbeiten.[19]

Die JAV kann zu allen Betriebsratssitzungen einen Vertreter entsenden (§ 67 Abs. 1). Die Gesamt-JAV hat ein Recht zur Teilnahme an Betriebsratssitzungen, wenn Angelegenheiten behandelt werden, die jugendliche Arbeitnehmer oder Auszubildende betreffen. In diesen Angelegenheiten haben ihre Vertreter Stimmrecht im Betriebsrat (§ 67 Abs. 1 und 2). Der Betriebsrat hat die JAV zu Besprechungen zwischen Arbeitgeber und Betriebsrat hinzuzuziehen, wenn Angelegenheiten behandelt werden, die besonders die in § 60 Abs. 1 genannten Arbeitnehmer betreffen (§ 68).

Wahl der Jugend- und Auszubildendenvertretung (§§ 61, 63 Abs. 1, 64)

536 Die regelmäßigen Wahlen finden alle zwei Jahre zwischen dem 1.10. und 30.11. statt. Wahlberechtigt sind alle in § 60 Abs. 1 genannten Arbeitnehmer, wählbar alle Arbeitnehmer des Betriebs, die das 25. Lebensjahr noch nicht vollendet haben. Mitglieder des Betriebsrats können nicht zu Jugendvertretern gewählt werden.

Die Zahl der Mitglieder der JAV ergibt sich aus § 62 (1 bis 13 Mitglieder).

Die Wahl selbst erfolgt stets als gemeinsame Wahl nach den Grundsätzen der Mehrheitswahl. (Listenwahl ist also ausgeschlossen; gewählt ist, wer die meisten Stimmen erhält, § 63.)

Kündigungsschutz, Weiterbeschäftigung

537 Die Mitglieder der JAV genießen ähnlichen Schutz wie die Betriebsratsmitglieder. Für Auszubildende, die Mitglieder der JAV (oder des Betriebsrats) sind, gilt ein besonderer Kündigungsschutz. Wenn der Arbeitgeber sie nicht weiterbeschäfti-

19 Vgl. dazu Randnr. 83.

gen will, muß er ihnen das drei Monate vor Abschluß des Ausbildungsverhältnisses schriftlich mitteilen. Der Auszubildende kann vom Arbeitgeber schriftlich die Weiterbeschäftigung verlangen. Durch dieses schriftliche Verlangen wird ohne weitere Mitwirkung des Arbeitgebers ein Arbeitsverhältnis auf unbestimmte Zeit begründet (§ 78a Abs. 2). Der Arbeitgeber kann sich beim Arbeitsgericht gegen diese Rechtsfolge wenden. Er muß Tatsachen für die Unzumutbarkeit der Weiterbeschäftigung vortragen (§ 78a Abs. 4).

Allgemeine Aufgaben der Jugend- und Auszubildendenvertretung

Die JAV hat folgende Aufgaben (§ 70): 538

1. Maßnahmen, die den jugendlichen Arbeitnehmern und Auszubildenden dienen, beim Betriebsrat zu beantragen;
2. darüber zu wachen, daß die zugunsten der jugendlichen Arbeitnehmer geltenden Gesetze, Verordnungen, Unfallverhütungsvorschriften, Tarifverträge und Betriebsvereinbarungen durchgeführt werden;
3. Anregungen von jugendlichen Arbeitnehmern und Auszubildenden, insbesondere in Fragen der Berufsbildung, entgegenzunehmen und, falls sie berechtigt erscheinen, beim Betriebsrat auf eine Erledigung hinzuwirken. Die JAV hat die betroffenen Arbeitnehmer über den Stand und das Ergebnis der Verhandlungen zu informieren.

Damit die JAV ihre Aufgaben durchführen kann, ist sie vom Betriebsrat (also nicht vom Arbeitgeber) rechtzeitig und umfassend zu unterrichten.

4.2 Gesamt- und Konzernbetriebsrat

Für das Betriebsverfassungsgesetz ist der Betrieb – und nicht 539
das Unternehmen – der zentrale Begriff. Die Belegschaft des Betriebes wählt den Betriebsrat, und die Mitwirkung und Mitbestimmung des Betriebsrats bezieht sich auf die betrieblichen Angelegenheiten.

Die Unterscheidung von Unternehmen und Betrieb ist für die Anwendung des BetrVG ohne Bedeutung, wenn ein Unternehmer nur einen Betrieb hat. Alle unternehmerischen und betriebstechnischen Funktionen sind dann örtlich und organisatorisch zusammengefaßt.

Beispiel 1:

Das Unternehmen X hat eine Betriebsstätte für die Produktion. Verwaltung und Vertrieb sind räumlich in unmittelbarer Nachbarschaft untergebracht. Alles zusammen ist der „Betrieb“. Es existiert ein Betriebsrat für das Ganze. Sind aber die Produktion und Vertrieb/Verwaltung räumlich getrennt, so kann es sich um zwei Betriebe handeln.

Beispiel 2:

Das Unternehmen X hat eine Betriebsstätte für die Produktion am Stadtrand. Im Zentrum der Stadt, 5 km entfernt, sind Verwaltung und Vertrieb in einem Bürohaus untergebracht. Das Unternehmen hat zwei Betriebe.

Der Gesamtbetriebsrat

540 Bestehen in einem Unternehmen mehrere Betriebsräte, hat es also mindestens zwei Betriebe, die Betriebsräte haben, so ist ein Gesamtbetriebsrat zu bilden (§ 47 Abs. 1). Jeder Einzelbetriebsrat entsendet ein Mitglied in den Gesamtbetriebsrat, wenn dem Einzelbetriebsrat nur Arbeiter oder nur Angestellte angehören, und je zwei Mitglieder, wenn ihm beide Gruppen angehören (§ 47 Abs. 2).

Der Gesamtbetriebsrat ist zuständig für Angelegenheiten, die das Gesamtunternehmen oder mehr als einen Betrieb des Unternehmens betreffen (§ 50 Abs. 1).

Es muß von der zu regelnden Materie her ein zwingendes Erfordernis für eine einheitliche Regelung auf Unternehmensebene bestehen. Für die Kompetenzabgrenzung zwischen Einzel- und Gesamtbetriebsrat kommt es auf die Organisationsstruktur des Unternehmens an. Je zentralistischer das Unternehmen organisiert ist und geführt wird, um so mehr Kompetenzen werden dem Gesamtbetriebsrat eingeräumt werden müssen.[20]

---

20 BAG vom 23.9.1975, BB 1976 S. 314.

Es gilt aber der Satz: „Den Einzelbetriebsräten so viel Befugnis wie möglich, dem Gesamtbetriebsrat nur so viel Befugnisse wie (unbedingt) nötig."

Der Gesamtbetriebsrat ist den Einzelbetriebsräten nicht übergeordnet (§ 50 Abs. 1 letzter Satz).

Bei der Beschlußfassung im Gesamtbetriebsrat setzen sich die Vertreter der großen Einzelbetriebsräte durch. Jedes Mitglied im Gesamtbetriebsrat hat nämlich so viel Stimmen, wie es in seinem Betrieb wahlberechtigte Arbeitnehmer gibt (§ 47 Abs. 7).

Der Konzernbetriebsrat

Bei mehreren Einzelbetriebsräten muß ein Gesamtbetriebsrat, **541**
bei mehreren Gesamtbetriebsräten in einem Konzern (gem. § 18 Abs. 1 Aktiengesetz) kann ein Konzernbetriebsrat gebildet werden. Der Konzernbetriebsrat wird gebildet, wenn es die Gesamtbetriebsräte beschließen, in deren Betrieben mindestens 75 vom Hundert der Arbeitnehmer des Konzernunternehmens beschäftigt sind (§ 54 Abs. 1).

Im übrigen entspricht das Verhältnis von Konzern- zu Gesamtbetriebsrat etwa dem zwischen Gesamt- und Einzelbetriebsrat. Der Konzernbetriebsrat ist nur zuständig für Angelegenheiten, die durch die einzelnen Gesamtbetriebsräte nicht geregelt werden können, und er ist den einzelnen Gesamtbetriebsräten nicht übergeordnet (§ 58 Abs. 1).

Sachregister

nach Randnummern